Discrimination Perception and Travel Decision-making
Empirical Study Based on the Mining Tourism Market

歧视知觉与
旅游决策

基于矿业旅游市场的实证研究

赵建彬　等著

中国财经出版传媒集团

经济科学出版社
Economic Science Press

图书在版编目（CIP）数据

歧视知觉与旅游决策：基于矿业旅游市场的实证研究/
赵建彬等著. —北京：经济科学出版社，2018.1
ISBN 978 – 7 – 5141 – 9052 – 6

Ⅰ. ①歧… Ⅱ. ①赵… Ⅲ. ①旅游心理学 – 研究
Ⅳ. ①F590

中国版本图书馆 CIP 数据核字（2018）第 033721 号

责任编辑：李　雪　刘　悦
责任校对：刘　昕
责任印制：邱　天

歧视知觉与旅游决策

——基于矿业旅游市场的实证研究

赵建彬　等著

经济科学出版社出版、发行　新华书店经销

社址：北京市海淀区阜成路甲 28 号　邮编：100142

总编部电话：010 – 88191217　发行部电话：010 – 88191522

网址：www. esp. com. cn

电子邮件：esp@ esp. com. cn

天猫网店：经济科学出版社旗舰店

网址：http://jjkxcbs. tmall. com

北京密兴印刷有限公司印装

710 × 1000　16 开　17.5 印张　220000 字

2018 年 1 月第 1 版　2018 年 1 月第 1 次印刷

ISBN 978 – 7 – 5141 – 9052 – 6　定价：60.00 元

（图书出现印装问题，本社负责调换。电话：010 – 88191510）

（版权所有　侵权必究　举报电话：010 – 88191586

电子邮箱：dbts@esp. com. cn）

本书得到国家自然科学基金项目"金钱概念对自我提升产品偏好的影响机理研究"（71602027）和江西省高校人文社会科学重点研究基地招标项目"矿业企业社会责任信息披露水平研究：组织的战略和高管特征视角"（JD17002）的资助。

本书出版得到了东华理工大学科技创新团队"核资源与环境经济研究"、东华理工大学地质资源经济与管理中心、东华理工大学资源与环境经济研究中心、资源与环境战略江西省软科学研究培养基地的资助。

本书编写成员

赵建彬　尚光辉　陶建蓉　张丁振
熊　磊　楼婉倩　蔡小倩

前　言

　　近年来，随着我国经济社会的发展和人们生活水平的提高，旅游业发展十分迅猛，而集自然遗迹和科普教育为一体的地矿旅游更是方兴未艾，呈现出跨越式发展的良好势头。另外，游客的自我意识不断提高，在旅游过程中偏好追求享乐性和象征性的体验价值，旅游过程中所产生的情绪对旅游决策的影响也越来越大。毋庸置疑，提高游客感知价值已成为旅游服务业态的发展趋势，是旅游服务企业树立现代服务意识的重要途径。在体验环境下，越来越多的游客不仅关注服务（产品）的基本使用价值，更注重使用过程中的体验价值，对服务互动情景中的一些细节，如沟通方式、语气、眼神和其他互动行为等，非常敏感。在感知目标期望不一致的情况下，往往会借助互联网进行口碑传播和转换服务提供商。同时社会发展也造成阶层的分化，社会阶层会促成不同的社会群体，群体间文化、经济的差异会形成群体间的排斥和偏见，从而形成群体间的歧视行为。

　　歧视是一种典型的社会不公平现象，广泛存在于任何一个社会。歧视对于社会的正常运转和健康发展有着十分不利的影响，尤其是在现代社会，这种不利的现象更加让人难以容忍。按照社会认同理论的观点，歧视可以表示为由于群体特征的差异而形成的个体或者群体对他人或其他群体的不公平对待，这种对待利于内群体而不利于外群体。歧视作为一种社会不公平现象，违背了社会公平原则。

通过对国内外歧视知觉、歧视归因和应对策略等相关文献的系统整理和归纳，基于认知情感理论、面子理论、感知公平（期望不一致）理论以及顾客价值理论，本书采用内容分析法、调查法和实证研究法，确定游客歧视知觉视角下旅游行为的内在影响因素及其测量指标，并在此基础上构建游客歧视知觉对旅游决策和行为影响模型，并以矿业旅游市场为研究对象进行实证分析。具体研究结论如下：

（1）对矿业旅游市场进行调研并获得相应的数据，采用 SPSS 和 AMOS 等社会统计学软件对数据进行分析处理，得出游客歧视知觉可以划分为两个维度，行为歧视和态度歧视。

（2）行为歧视和态度歧视对游客的购买意愿会产生消极的影响；该影响是通过面子损失和感知价值的作用，即，行为歧视和态度歧视会提高游客面子损失和降低游客感知价值，当面子损失越多和感知价值越少，游客旅游意愿越低；个体的权力感会调节行为歧视和态度歧视对面子损失和感知价值的影响水平，相对于低权力者，高权力者面对歧视时，感受到面子损失更多，感受到服务价值损失更多。

（3）游客的行为歧视和态度歧视知觉会正向影响负面口碑和负向影响重游意愿；面子损失感知是该影响的心理过程，即行为歧视和态度歧视知觉导致游客感到面子损失，面子损失正向影响负面口碑和负向影响重游意愿；自我建构水平会调节该影响，相对于独立型游客，依存型游客知觉歧视时，面子损失更大，负面口碑更多，重游意愿更低。

（4）同属游客行为歧视和态度歧视知觉对游客的沮丧情绪和无助情绪有显著的正向影响；同属游客行为歧视和态度歧视知觉对游客满意有显著的负向影响；沮丧情绪和无助情绪共同部分中介同属游客歧视知觉对游客满意的负向影响；服务人员的移情水平负向调节沮丧情绪和无助情绪对游客满意的影响。

目　录

第 1 章

绪　　论

　　近年来，随着社会物质和文明的快速发展，游客的自我意识不断提高，在旅游过程中偏好追求享乐性和象征性的体验价值，旅游过程中所产生的情绪对旅游决策的影响也越来越大。毋庸置疑，提高游客感知价值已成为旅游服务业态的发展趋势，是旅游服务企业树立现代服务意识的重要途径。在体验环境下，越来越多的游客不仅关注服务（产品）的基本使用价值，更注重使用过程中的体验价值，对服务互动情景中的一些细节，如沟通方式、语气、眼神和其他互动行为等，非常敏感，在感知目标期望不一致的情况下，往往会借助互联网进行口碑传播和转换服务提供商。同时社会发展也造成阶层的分化，社会阶层会促成不同的社会群体，群体间文化、经济的差异会形成群体间的排斥和偏见，从而形成群体间的歧视行为。从归因模糊论的自我保护来说，游客也倾向于把服务互动中的失败归因于服务过程中遭受的歧视，从而对旅游服务提供者产生强烈的不满。所以提高游客体验价值，消除服务失败后的负面影响已成为旅游服务提供者十分棘手的问题。因此，研究和分析游客歧视知觉行为，有利于帮助旅游服务提供者提高敏捷性和灵活性，改变服务方式、提高服务质量、增强关系强度，进而使旅游服务提供者在激烈的旅游市场竞争中获得长期竞争优势。

1.1 研究背景

　　歧视是一种典型的社会不公平现象，广泛存在于任何一个社会。歧视对于社会的正常运转和健康发展有着十分不利的影响，尤其是在现代社会，这种不利的现象更加让人难以容忍（吴忠民，2003）。按照社会认同理论的观点，歧视可以表示为由于群体特征的差异而形成的个体或者群体对他人或其他群体的不公平对待，这种对待利于内群体而不利于外群体。歧视作为一种社会不公平现象，违背了社会公平原则。歧视具有排斥性和广泛性，表现为一个群体对另外一个群体的拒绝和排斥，同时也广泛存在于社会生活的每一个领域，严重地影响了社会的整体性发展，阻碍了经济的活跃和繁荣，特别是对被歧视者造成心理健康问题。国外对歧视的研究比较早，特别是在社会学、心理学、医学、政治、经济、法律、哲学等领域都有深入而广泛的研究（见图1-1），相关研究均指出了歧视对人们的心理造成伤害。国内学者在2007年前后也展开了对歧视的相关研究，但主要集中在大城市流动儿童歧视所造成的心理健康问题，近年来也对青少年和大学生以及其他群体的歧视现象展开了研究，研究表明歧视会给个体或者群体带来严重的心理健康问题和社会文化适应问题。

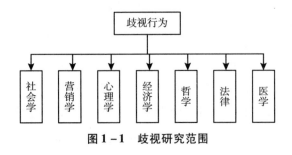

图1-1　歧视研究范围

中国改革开放近 40 年来，国内物质和文明高速发展，同时歧视作为一种社会和经济发展的必然产物广泛存在于社会生活的各个领域。随着个体自我意识的增强，社会转型的需要，歧视这种非正常的社会现象必须引起我们的重视和研究。特别在商业领域，随着国家第三产业的快速发展，供给侧改革，城镇化加速，顾客对服务价值感知越来越敏感，商业领域服务意识和顾客需求严重不匹配的问题必须尽快完善和解决。社会发展，顾客自我实现的需要和相关法律法规的健全，歧视也由公然到微妙、模糊。商业领域顾客歧视普遍存在，而国内相关的研究几乎没有，国外的研究主要集中在消费歧视知觉的归因和相应的应对策略，但对具体的心理反应过程没有展开研究。在国内顾客歧视研究空白的情况下，对国外消费歧视研究进行分析、验证和补充，并在中国消费环境下研究势在必行。分析游客歧视知觉的具体心理过程和对旅游决策及行为的影响，规范旅游服务提供者的服务标准，提高旅游服务提供者的服务意识，增强服务互动质量。减少游客歧视，提升游客满意和忠诚，对游客、旅游服务提供者和社会全面协调发展都有重要的意义。

1.2 研究问题、目的和意义

1.2.1 研究问题

歧视作为一种社会现象而广泛存在，存在于社会生活的各个领域。例如购买汽车、不动产、逛商场、旅游、金融服务、甚至是叫出租车，歧视现象严重影响顾客的生活和心理健康，对社会稳定和发展也造成不利的影响。对旅游服务提供者而言，由于不知道或者忽视顾客歧视知觉的存在以及危害性，无法检测游客歧视知觉，进而无法有效避免歧视行为。而受到歧视对待的游客往往会采取回避、问题取向和情感取向等应对策略，这就直接导致游客进行负面口碑和转换旅游服务提供商，降低对旅游服务提供者的满意和忠诚，对旅游服务提供者造成极大的损失。所以，研究游客歧视的归因、应对策略和游客受到歧视后的心理反应过程及对旅游决策的影响极其必要和重要，特别是游客的心理反应过程。通过量表和服务规范去检测歧视行为，可以有效减少游客歧视行为的发生，或者发生后采取有效的补救措施。因此，对游客歧视知觉的研究对社会和谐发展和旅游服务提供者健康运行都是非常必要的，而国内相关研究几乎空白，亟待展开相关研究。具体研究问题如下：（1）旅游歧视知觉怎么发生？（2）国外歧视相关研究在中国消费文化环境下能否得到系统的定量验证？（3）歧视知觉发生后游客具体的心理反应机制和过程？（4）歧视知觉对游客的旅游决策及行为有什么影响？（5）游客与游客之间的歧视对游客歧视知觉的影响程度？（6）个体差异和文化对歧视知觉和旅游决策及行为之间有什么影响？基于以上问题，本书主要采用实证研究方法，全面和系统地分析并解决问题。

1.2.2 研究目的

研究者对消费歧视已经进行了一些研究，但也存在一些问题，例如，基本上都是基于深度访谈的定性研究，缺乏定量实证研究；大量研究是基于美国国家的移民、种族等群体作为研究对象，没有在不同国度和服务环境中进行验证；只研究了顾客歧视知觉的成因和应对策略，而对具体的心理反应过程和消费决策及行为没有展开研究。另外，国内对顾客歧视的研究相对比较缺乏。所以，基于以上分析，我们将展开以下几点研究：（1）根据已有顾客歧视的相关研究，厘清游客歧视的归因、应对策略和具体的心理反应过程以及相应的消费决策及行为；（2）依照消费决策模式对歧视知觉的研究进行系统描述和验证，构建游客歧视知觉—认知和情感机制—行为研究模型；（3）补充和完善歧视知觉理论，特别是游客歧视后的心理反应过程；（4）在中国消费文化背景下展开游客歧视知觉研究；（5）在旅游服务员对游客歧视的基础上展开游客对游客歧视的相关研究；（6）验证个体差异对游客歧视知觉和旅游决策行为的调节效应。通过以上分析展开游客歧视知觉研究，为旅游服务提供者消除游客歧视，增加游客享乐性和象征性感知价值提供建议和应对策略，提高游客满意和忠诚，有效提升旅游企业核心竞争力。

1.2.3 研究意义

社会转型和经济发展的需要以及游客自我意识的提高，对旅游服务提供者的现代服务意识提出了更高的要求。不过，社会科学研究表明，在众多服务领域存在服务人员对顾客的歧视行为，例如，容易发生歧视的服务领域有：汽车 4S 体验店、不动产销售、保险申请和企业金融服务、医疗服务、餐馆和出租车服务等。关于顾客歧视知觉，目前研究只关注了顾客歧视知觉的成因和应对策略，而对具体的顾客歧视主体、歧视内容、歧视后的心理反应过程以及消费决策没有展开更多的研究。基于此，本书将进一步厘清游客歧视知觉的内容和来源、歧视后的心理反应过程以及相应的旅游决策及行为。

本书立足于游客感知价值不断提高环境下游客歧视知觉行为现

实状况，基于认知情感理论、面子理论、游客价值理论以及感知公平（期望不一致）理论，并在参考和梳理国内外相关文献的基础上，对游客歧视知觉行为进行了全面和系统的实证研究。因此，本书对游客歧视知觉行为理论的发展和完善，以及旅游服务提供者加强服务管理实践都具有重要价值。

1.2.3.1 理论意义

（1）系统地对游客歧视知觉的归因和应对策略进行归纳和定量验证，并对游客心理反应进行研究和补充，游客歧视知觉通过认知和情感机制对旅游决策及行为产生影响。

（2）进一步拓展游客歧视知觉的范围，歧视知觉不仅来源于旅游服务人员，还存在于游客对游客（同属游客）歧视以及公众人员歧视，并进一步探讨这些来源歧视知觉对旅游决策的影响。

（3）对歧视知觉维度研究，认为游客歧视知觉分为行为歧视和态度歧视两个维度。

（4）对歧视知觉和行为反应的个体变量的调节效应进行研究和验证。通过以上研究分析，系统验证并补充和完善有关歧视知觉的理论和模型，为游客歧视知觉研究奠定一定的理论基础，同时为政策制定者消除和降低歧视知觉提供理论依据。

1.2.3.2 实践意义

（1）验证并完善游客歧视知觉量表，为旅游服务行业提供歧视知觉检测工具。

（2）针对服务提供者降低和消除游客歧视提供具体建议和应对策略。

（3）针对游客感知歧视后服务失败的补救措施提供建议和策略。

（4）针对一些特殊群体提供市场细分的机会，撇脂潜在利润，加大旅游服务公司的盈利能力和市场竞争力。

（5）为政策制定者消除和降低歧视，规范旅游市场管理提供测量工具和具体建议。

1.3 研 究 界 定

1.3.1 基本概念界定

目前歧视通常是指人们觉察到的一种负面的属性，个体和群体会受到其他个体和群体的偏见、排斥、孤立和歧视后，或远离、逃避正常的社会阶层和生活，这种逃避自身就含有自我贬低的意思（Alonzo & Reynolds，1995）。歧视广泛存在于社会的各个领域，在社会学、心理学、医学、政治学、法律和哲学等领域都有相关的研究，本书主要是在市场营销学领域，针对市场情境中的歧视知觉进行研究，即顾客歧视知觉，定义为在市场环境中，依据顾客群体特征而实施的不公平对待，这样的对待利于内群体而不利于外群体（Crockett et al.，2003）。顾客歧视知觉是一种主观感知，一方面是由于个体的群体特征引起的排斥和偏见行为，例如种族、户口、身份、年龄、性别、肥胖、残疾和同性恋等；另一方面按照归因模糊论（Crocker & Major，1989），个体倾向于将服务失败或个体无能归因于歧视行为从而达到自我保护的效用（Crockett et al.，2003）。所以，本书把游客歧视知觉特指在旅游市场情境中，游客互动过程中感知到的一种不公平对待。

1.3.2　研究视角界定

歧视的相关研究经历了强势歧视到弱势群体的研究，目前由于种族、户口、性别、年龄和残疾等各种歧视越来越不被社会接受，同时随着顾客自我意识的提高、相关法律法规的健全以及服务提供者对服务质量的完善，歧视行为变得微妙和模糊（Duckitt，1992），他人从表面很难察觉和识别，更多是处于具体情境下的被歧视者才能知觉和感知到这种伤害性的行为。由此，从被歧视者的角度测查个体主观歧视知觉越来越重要。所以，本书针对弱势群体的感知来研究歧视，从被歧视的游客视角来研究，没有对歧视实施者展开具体研究。

1.3.3　研究范围界定

研究者对歧视知觉的研究主要集中在归因和应对策略两方面（Crockett et al.，2003；Walsh，2009；Ye et al.，2012；Klinner & Walsh，2013），本书在对相关歧视研究整理和归纳的基础上，依据消费行为学理论，结合国内消费文化特征，在高互动服务领域，具体研究旅游服务员对游客歧视和游客对游客歧视，游客感知到歧视后的心理反应以及采取的旅游决策及行为进行研究。没有针对歧视的归因、应对策略以及社会和心理健康、法律道德等问题展开研究（这些问题在国内外已经得到相关的研究）。本书的研究范围如图1-2所示。

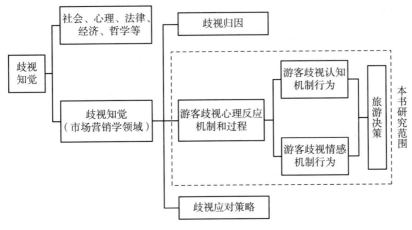

图 1 – 2　本书研究范围

1.4　研究内容与技术路线

1.4.1　研究内容

通过对国内外歧视知觉、歧视知觉归因和应对策略等相关文献的系统整理和归纳，基于认知情感理论、面子理论、感知公平（期望不一致）理论以及顾客价值理论，本书采用内容分析法、调查法和实证研究法，确定了游客歧视知觉视角下旅游行为的内在影响因素及其测量指标，并在此基础上构建了游客歧视知觉对旅游决策行为影响模型。具体内容如下。

1.4.1.1　歧视知觉对旅游决策及行为模型

首先，通过对国内外有关歧视知觉的文献进行分析和归纳，厘清了歧视知觉产生的根源和对社会以及个体的负面影响，特别是对游客心理健康和行为的影响。其次，对游客歧视知觉进行整理，梳理游客歧视知觉的各种决定因素和游客相应的应对策略。最后，结合消费行为学的相关理论，对消费行为模式的内外因素进行具体分析，内部因素的知觉、学习、记忆、理解、动机、个性、情绪和态度，涉及了游客的认知和情感机制。

知觉、学习、记忆和理解是信息整理的过程，旅游行为始于知觉，而理解就包含认知和情感理解，调节焦点理论认为，预防型动机是基于认知因素，而促进型动机是基于情感因素，个性中的独立型游客旅游决策时倾向于情感决策，而依存型游客旅游决策时倾向于认知决策。态度决定着行为，认知和情感的共同作用决定了游客的行为意向，也构成了游客的态度。情绪和情感在旅游决策的每一个阶段都起着重要的作用，近几年，营销学术界对顾客满意都增加了情绪反应的研究，补充了传统的只针对认知方面的研究。按照艾克和（Ekeh，1974）的认知情感理论，个体遇到的事件都会与一个复杂的认知——情感系统发生交互作用，并最终决定人们的行为。

目前，已有研究在歧视知觉模型中研究了歧视知觉的决定因素和应对策略，而对歧视知觉后具体的心理反应没有过多研究，缺少歧视知觉后的旅游决策及行为研究的重要依据。

按照消费行为学理论，游客歧视知觉后会产生具体的心理反应，从认知和情感两条途径去影响旅游行为和决策。面子意识是中国游客特有的消费文化，包含心理构建和社会构建：心理构建是一种自我展露，社会构建是通过人际互动产生的社会地位和声誉。面子意识本身就是一种认知机制。通过交换系统产生面子的增、减和相应的情绪反应，并最终决定旅游决策和行为。

随着游客自我消费意识的提高，情感决策起的作用越来越大，游客感知价值中的享乐性价值和象征性价值与情感因素相关，而功利性价值与认知因素相关。满意和忠诚是旅游企业追求的终极目标，负面口碑对旅游企业存在潜在破坏作用，重游意愿更是游客忠诚的具体表现。综合以上因素，在具体研究歧视知觉后的心理反应，从认知和情感双重视角构建歧视知觉对旅游决策及行为模型。

1.4.1.2　游客歧视知觉认知机制行为研究

以游客歧视知觉的心理反应为研究对象，实证探究游客歧视知觉后的认知心理反应行为。在研究模型中，假设游客歧视知觉通过认知机制（面子意识）对旅游决策及行为产生影响，并提出自我构建的调节作用。采用问卷调研法收集数据，对数据进行信度和效度检验后，运用 SPSS 和 AMOS 软件检验研究模型。实证结果显示，游客歧视知觉会通过面子损失的中介作用进而显著影响游客决策及行为。发现游客歧视知觉会积极影响负面口碑而消极影响重游意愿，面子损失感知是该影响的心理过程，即歧视知觉导致游客感到面子损失，面子损失积极影响负面口碑而消极影响重游意愿；自我建构水平会调节该影响：相对于独立型游客，依存型游客知觉歧视时，面子损失更大，负面口碑更多，重游意愿更低。

1.4.1.3　游客歧视知觉情感机制行为研究

以游客歧视知觉心理反应为研究对象，实证探究游客歧视知觉后的情感心理反应行为。在研究模型中，假设游客歧视知觉通过情感机制（沮丧和无助）对游客决策及行为产生影响，并提出移情水平的调节作用。通过问卷调研法收集数据，对采集的数据进行信度和效度检验后，采用 SPSS 和 AMOS 软件检验研究模型。研究结果表明，游客歧视知觉会通过沮丧和无助的中介作用进而显著影响旅游决策及行为。发现歧视知觉会显著影响游客满意，沮丧和无助感知是该影响的心理过程，即歧视知觉导致游客感到沮丧和无助，沮丧和无助消极影响游客满意。移情水平会调节该影响，旅游服务人员的移情水平负向调节沮丧情绪和无助情绪对游客满意的影响，相对于没有得到旅游服务人员移情努力的游客，得到移情努力的游客满意度明显比较高，研究框架如图 1 – 3 所示。

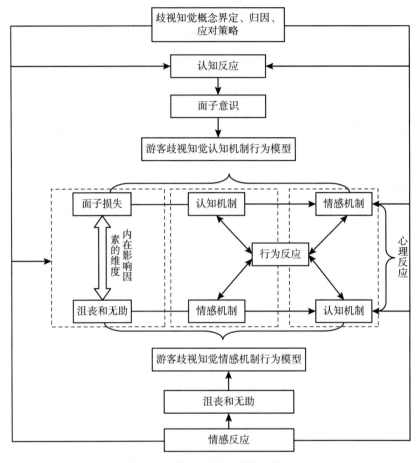

图 1 – 3　游客歧视知觉研究框架

1.4.2　技术路线

在收集、梳理和归纳相关文献的基础上，结合旅游服务企业实地考察，界定了游客歧视的内涵、归因、应对策略以及歧视知觉和旅游行为模式。通过对认知情感理论、面子意识、感知公平（期望不一致）理论以及顾客价值理论的讨论，阐述了这些理论对研究游客歧视和旅游决策解释的合理性。本书核心研究的具体内容如下所述。

首先，在相关文献和理论的基础上，本书采用内容分析法和调查研究法确定游客歧视知觉对旅游决策及行为影响模型。其次，在歧视知觉对旅游决策及行为影响模型（游客歧视知觉—心理反应—行为反应）的基础上，构建了游客歧视知觉认知机制和游客歧视知觉情感机制的旅游决策及行为模型。再次，本书的每一个研究都对研究结论进行了充分讨论，以期为旅游服务提供者和政策制定者提供管理借鉴。最后，总结全书并对后续研究进行展望。这部分内容既梳理和总结了本书的主要研究发现，也点明了研究缺陷并对后续研究做了展望。本书的技术路线如图 1-4 所示。

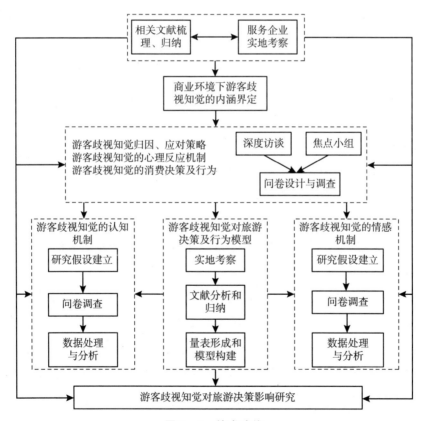

图 1-4 技术路线

1.5　研究方法与结构安排

1.5.1　研究方法

本书采取理论研究和实证研究相结合，以实证研究为主的研究思路。在实证研究中，先采取质化研究，初步探索研究假设的可行性，再通过量化研究，验证研究假设。具体的研究方法如下：

（1）文献综述法。文献综述是对前人研究贡献的归纳和总结，是本书展开研究的基础。本书收集、归纳和整理了国内外与歧视和顾客歧视相关的文献资料，回顾了消费行为理论和顾客歧视知觉理论的相关研究。在此基础上，找到本书研究的切入点，明确游客歧视知觉内涵与外延，厘清游客歧视知觉和旅游决策模型中各变量之间的逻辑关系。

（2）内容分析法。在访谈设计的基础上，本书通过半结构化访谈收集描述游客歧视知觉的内在影响因素的原始陈述题项，采用内容分析法对原始陈述题项进行归纳和整理，并初步确定游客歧视知觉的心理反应及其测量指标。同时，检验了初始测量量表的信度和效度。

（3）调查研究与统计分析法。调查研究法主要用于数据收集、游客歧视的心理反应和消费行为测量。根据研究假设确立调查问卷，通过科学抽样，收集游客歧视行为数据，对被调查者的历史体验或既有态度进行测量。在游客歧视的心理反应，以及游客歧视行为数据收集的基础上，采用 SPSS 以及 AMOS 统计软件对所获数据进行分析。本书在进行探索性因素分析和验证性因素分析时，充分运用了描述统计、因子分析、信度和效度分析、中介检验以及调节检验等统计分析方法。

1.5.2 结构安排

本书对游客歧视知觉及旅游决策及行为进行了研究，由六个部分组成，各个组成部分的主要内容如下所述。

第1章是绪论。本章在介绍研究背景前提下，提出了本书研究主题和研究内容，明晰了研究的理论意义和实践意义，界定了歧视及顾客歧视、游客歧视知觉归因、游客歧视知觉的应对策略和游客歧视知觉后的旅游决策及行为的概念和内涵。同时，确定所要采用的研究思路与研究方法，最后对研究的创新点进行阐述。

第2章是文献综述与理论基础。本章回顾并评述歧视、游客歧视行为准则及其理论基础的相关文献。在梳理、归纳和讨论国内外相关文献的基础上，找出了前人研究的不足和空白点，进而提出了本书的切入点和创新之处。

第3章是游客歧视知觉对旅游决策行为影响模型的构建。本章在游客歧视知觉相关文献的基础上，界定游客歧视知觉的概念和内涵。在界定概念和内涵的基础上，采用内容分析法，结合消费行为学、认知情感理论、面子理论和游客情绪理论，勾画出游客歧视知觉通过认知和情感机制的心理反应来影响旅游决策及行为，进而构建游客歧视知觉和旅游决策及行为的关系模型，同时纳入个体变量和旅游服务人员移情水平的调节效应。

第4章是游客歧视知觉量表开发。在文献分析、成熟量表测度语句借鉴、自编测度语句基础上开发了游客歧视知觉问卷，对矿业旅游市场进行调研并获得相应的数据，采用 SPSS 和 AMOS 等社会统计学软件对数据进行分析处理，开发出具有良好信度和效度的游客歧视知觉量表，并对被剔除题项进行深入剖析，得出游客歧视知觉可以划分为两个维度，"行为歧视"和"态度歧视"。

第 5 章是游客歧视知觉对旅游意愿的影响机制研究。根据人际交互理论和社会认同理论，游客感知歧视意味着某种损失，对于这种损失，本书认为有情感损失（如面子损失）和认知损失（如价值损失），这些损失进而影响了旅游意愿。游客歧视知觉可以分为行为歧视和态度歧视，它们会通过对面子损失和感知价值而游客旅游意愿，并且游客权力感会调节歧视知觉对面子损失和感知价值的影响，相对于低权力者，高权力者面对歧视时，感受到面子损失更多，感受到服务价值损失更多。

第 6 章是游客歧视知觉对旅游决策的影响机制研究。本章针对游客歧视知觉认知机制的心理反应过程，在归纳和整理游客歧视知觉归因及应对策略相关文献的基础上，基于游客歧视知觉模型、面子理论、认知情感理论和顾客价值理论构建了游客歧视知觉对旅游决策的认知机制模型，探讨歧视知觉如何通过面子认知对口碑和重游意愿产生影响的问题，同时检验自我构建的调节作用。

第 7 章是同属游客歧视知觉对游客满意的影响机制研究。本章针对同属游客歧视知觉情感机制的心理反应过程，在归纳和整理游客歧视知觉归因及应对策略相关文献的基础上，基于游客歧视知觉模型、游客情绪理论和期望不一致理论构建同属游客歧视知觉对旅游决策的情感机制模型，探讨沮丧和无助是如何影响游客满意的问题，同时还检验移情水平的调节作用。

第 8 章是研究总结、管理借鉴、研究局限与展望。本章总结了本书的研究结论和获得的主要研究成果。在整理并归纳出本书理论价值的前提下，为旅游服务提供者和政策制定者针对游客歧视知觉的心理反应及消费决策提出相应的应对策略。最后，指出研究不足和对后续研究进行展望。

1.6　创　新　点

本书基于社会学、心理学以及消费行为学等多个学科理论，采用内容分析法，确定游客歧视知觉的心理反应机制和过程。在此基础上，实证研究游客歧视知觉的认知机制对消费决策的影响，以及游客歧视知觉的情感机制对旅游决策的影响。本书的创新之处主要体现在以下几个方面。

（1）国外对于歧视及游客歧视进行了比较多的研究，但国内关于歧视知觉的研究目前仅限于社会学领域的流动儿童的教育问题，游客歧视知觉的研究相对较少，本书在已有研究的基础上结合中国消费文化对游客歧视知觉进行研究。并得出一些有益的结论，为以后的研究提供了理论基础和研究视角。

（2）确定了游客歧视知觉的心理反应机制和原理。现存文献很少关注游客歧视后的行为决策，例如，忠诚和顾客满意（Walsh，2009）。通过对已有歧视知觉模型进行验证、完善和补充，为研究游客歧视知觉对旅游决策行为的影响奠定了一定的理论基础。另外，已有文献只针对游客歧视知觉决定因素和应对策略进行了研究和分析，没有对具体的心理反应过程进行深入的研究，结合消费行为学的相关理论，对游客感知到歧视知觉后通过认知和情感机制反应产生相应的旅游决策及行为进行了系统研究。

（3）结合中国消费文化，对游客歧视知觉模型进行了定量实证研究。歧视知觉需要在不同程度的互动水平和不同的消费文化国家进行验证和分析（Walsh，2009）。已有研究都是在深度访谈和小组交流以及案例分析的基础上进行定性研究，缺乏定量实证研究，结合国内矿业旅游高互动的消费情景，展开具体定量实证研究，证实了游客歧视知觉在矿业旅游服务领域的存在负面效应。

（4）对游客与游客之间的歧视知觉进行了验证和研究。众多学者在对游客歧视的研究中都提到与歧视行为有关的同属游客行为也值得研究，发现有些游客受到的歧视和同属游客的伤害行为有关（Crockett et al. , 2003；Woodliffe, 2004；Walsh, 2009；Ye et al. , 2012；Klinner & Walsh, 2013）。通过实证研究发现除了服务员因素、顾客因素、情景因素、文化因素外，游客之间的歧视行为也会对游客满意造成很大的影响，同时也对同属游客不当行为理论进行了补充。

（5）个体变量对游客歧视知觉与行为影响的调节效应进行了验证和研究。社会支持、应对措施、群体认证和个体变量会调节歧视知觉和行为之间的关系（Pascoe & Richman, 2009），个体差异会造成对歧视反应的差异（Brumbaugh & Rosa, 2009）。研究者虽然多次提到个体变量对歧视知觉的影响差异，但都没有作出具体的验证和分析。本书通过实证研究发现个体变量差异会对歧视知觉和行为产生不同的影响。

（6）补充了面子意识在无形服务场景中的反应机制和对旅游决策行为的影响。之前关于面子的研究都集中在有形的物质场景中，缺乏对无形的服务场景中面子意识的研究（郭晓琳，2015）。本书通过在矿业旅游服务情景中面子意识的反应机制，研究分析了面子在无形的服务情景中的作用机制和对旅游决策的影响。

第 2 章

文献综述与理论基础

歧视知觉实际上是游客在旅游过程中感受到的一种不公平对待，具体的心理反应涉及了认知和情感机制。为了系统、全面和科学地对游客歧视知觉进行研究以及了解该行为背后的内在反应机制及其行为机制，需要对歧视、游客歧视、歧视知觉的归因和应对策略的相关文献进行归纳和整理。在此基础上，找出并探讨现有研究的不足之处和研究空白点，进而提出本书的研究目的和研究内容。

2.1 歧 视

2.1.1 歧视定义

戈夫曼（Goffman，1963）最早对歧视（Stigma）进行了定义和研究，将其定义为用以区分个体不同于主流群体的非社会期待的属性或特征。歧视原指个人身体上不好的特征或由疾病引起的症候，这些特征和症候大致包括三类：一是身体上先天的缺陷，如各类残疾；二是个人品质上的污点，如意志薄弱、情绪异常、作威作福、叛逆等，还有一些可以通过表现或记录得知，例如，酗酒、精神病、同性恋、吸毒、囚犯等；三是种族、民族、宗教不被认同。阿朗索和雷诺兹（Alonzo & Reynolds，1995）及其他一些学者在戈夫曼（Goffman，1963）定义的基础上对歧视（Stigma）作了进一步的解释，但意义比较相近。目前歧视通常是指人们觉察到的一种负面的属性，带有负面属性的个体和群体会受到其他个体和群体的偏见、排斥、孤立和歧视而远离或逃避正常的社会阶层和生活，这种逃避自身就含有自我贬低的意思。

2.1.2　歧视的分类

歧视（discrimination）的相关研究包含广义和狭义之分。广义的"歧视"是指对一种差异、区别或不同待遇的感受。这种有所区别的对待在道德层面上属于中性含义，亚里士多德的正义原则也允许这种"区别对待"的存在。这个原则显示了用相同的方式对待相同的事情，用不同的方式对待不同的事情。狭义的"歧视"是指"相同的人（事）被不平等地对待或不同的人（事）受到同等的对待"，属于消极意义上的概念。具体而言，所谓的歧视，不是按照能力、绩效、合作等标准，而是以种族、户口、身份、社会地位、性别和宗教等为依据，对社会成员进行"有所区别的对待"，这样的对待有利于内群体而不利于外群体，会对某些社会个体和群体形成一种资源剥夺和机会丧失，造成一种不公正的社会现象（Tajfel，1978）。所以说，狭义上的"歧视"是社会和学术界通常关注和研究的。

2.1.3　歧视的特征

通过歧视的定义和相关研究发现歧视具有两个明显的特征，具体分析如下。

2.1.3.1　排斥性

泰费尔（Tajfel，1978）将社会认同定义为：个体认识到他（或她）属于特定的社会群体，同时也认识到作为群体成员带给他的情感和价值意义。社会认同理论认为个体通过社会分类，对自己的群体产生认同，并产生内群体偏好和外群体偏见。人们通过文化相似性和不相似性来区别群体之间的群体成员资格。文化相似性会加强相互欣赏和吸引（Byrne，1971），文化不相似则导致排斥（Rosenbaum，1986）和歧视（Walsh，2009）。谢利夫（Sherif，1961）的现实冲突理论（realistic conflict theory）认为群体间态度和行为反映了一个群体和其他群体之间的客观利益，如果群体目标不一致，一个群体以其他群体的利益为代价而获得自己的目标，就会出现竞争和排斥，因此，群体间就倾向于有歧视的态度和相互的敌意。泰费尔（1970，1971）用最简群体实验范式（Minimail - Group paradigm）研究结果显示，当被试者单纯地知觉到分类时，就会分给自己的群体更多的资源和正向的评价。这种认知上的分类，会让我们主观上知觉到自己与他人的共性，而产生一种认同感，这样的认同所引起的给内群体较多资源以及正向的评价的现象称为内群体偏向，而对外群体成员则分配较少资源并给予负向的评价这种现象称为外群体歧视（Otten & Mummendey，1999）。人的行为都具有经济性，资源的有限性导致了群体间的冲突和排斥，从这个意义上讲，歧视也反映出特定时代特定社会的不公平的资源分配格局和基本特征，反映出"剥夺""排斥""限制"这些歧视最为本质的特征。

2.1.3.2　社会性

歧视是一种典型的不公平现象，这种不公平水平可能因人而异，但存在于每一个社会（吴忠民，2003）。从某种意义上来讲，歧视是一种人类社会固有的本质和现象。歧视所涉及的范围是覆盖整个人类社会的，包括国际上国家与国家之间的歧视，可以通过正式制度的方式或非正式制度的方式来实现的（Hill，2001）。正式制度是指在制度和政策层面上以法律、法规、政策、条例的形式将歧视内容予以制度化，这也是优势群体行使歧视行为的主要方式；非正式制度是指在社会认同理论的基础上，个体或群体的定向思维和行为倾向所形成的社会风气、价值观念和思维习惯对某些群体形成的排斥和限制。

歧视的内容涉及包括社会主流层面的社会歧视、经济歧视、政治歧视、文化歧视、国际社会歧视等方面。比如《消除一切形式种族歧视国际公约》认为，种族歧视是指基于种族、肤色、世系或民族或人种的任何区别、排斥、限制或优惠，其目的或效果为取消或损害政治、经济、文化或公共生活任何其他方面人权及基本自由在平等地位上的承认、享受或行使；《经济、社会及文化权利国际公约》规定，本公约所宣布的权利应予普遍行使，而不得有例如种族、肤色、性别、语言、宗教、政治或其他见解、国籍或社会出身、财产、出生或其他身份等任何区分；《消除对妇女一切形式歧视公约》显示禁止对妇女的一切歧视，消除任何个人、组织或企业对妇女的歧视；应当改变男女的社会和行为模式，以消除基于因性别而分尊卑观念或基于男女定型任务的偏见、习俗的一切其他方法。

2.1.4 歧视产生的根源

泰费尔（Tajfel，1978）的社会认同理论认为对社会认同的追求是群体间冲突和歧视的根源所在，即对属于某群体的意识会强烈的影响着我们的知觉、态度和行为。歧视形成的原因涉及社会、政治、文化、经济及心理认知等因素，同时这些因素又是相互联系和作用。

2.1.4.1　偏见

所谓偏见是指在群体认同基础上形成的一种见解，这种见解有利于内群体而不利于外群体。这种见解往往具有敌对态度，用来对待属于某个种族、宗教、少数民族或某个社会阶层的成员。偏见属于认知范畴，由认知方面的偏差，如近因效应、首因效应、晕轮效应和社会刻板印象直接造成的。一旦偏见成为一种群体意识和社会态度，那么，这种有所偏颇的社会态度必定会形成一种社会意识，便构成了"有所区别对待"的社会行为，即一种歧视性的行为和现象。

2.1.4.2　经济资源稀缺及分配不公

依照谢利夫（Sherif，1961）的现实冲突理论（realistic conflict theory），群体间的冲突是基于客观利益的，特别是对资源的分配和占有，内群体偏好倾向于将资源分配给内群体成员，而拒绝给外群体成员。经济利益的需求是社会成员行为的基本出发点。经济利益的驱动是社会正常运行和发展的基本动力，相应的经济利益结构的复杂性决定了社会态度和社会行为的复杂性。经济资源相对稀缺，造成社会公共资源不可能满足所有社会成员的需求，这就导致了一方面社会群体的内群体意识在资源分配上对外群体的排斥和歧视；另一方面，社会特殊群体对于自身利益维护所形成的经济等级制。以便使不同的资源占有结构"常态化"和"合法性"。而经济等级制又必然会衍生出社会等级制，从而又会促成不同的社会态度和行为，包括特权和歧视。所以，从本质上讲，歧视是资源稀缺情况下的必然产物。

2.1.4.3 不平等意识

人人平等是构成一个社会的基本原则，不平等的意识必然会形成不平等的制度，造成不平等的社会态度和行为，从而形成各种制度上的正式歧视态度和行为，以及内群体意识的非正式歧视态度和行为。随着社会转型的快速推进，不断提高的社会文明程度促进了社会成员自我意识增强，人人平等的权利也得到保障。人人平等意识包含人与人之间的平等对待和社会层面的平等意识以及社会通过法律、制度对于这种平等意识的保护，这就有效地降低和消除了在不平等基础上产生的歧视行为。

2.1.4.4 社会的封闭

社会封闭包含广义和狭义两层含义：广义含义是指国际范围内社会系统与社会系统之间的交流程度比较低，这就有利于特殊群体基于既得利益而制定相应的社会制度和经济制度，而系统内个体往往也缺乏参照物而自我意识较低，容易形成社会排斥和歧视。狭义含义是指在同一社会体系内，基于社会认同偏见所形成的社会群体之间的流动程度过低，主要是因为：其一，既得利益的维护，由于社会流动性比较低，社会系统内部或社会群体内部为了维护自身共同的利益，就必然会对其他社会系统或社会群体进行排斥和歧视，以确定相互的边界，拒绝他人"入侵"，例如，欧美对移民数量的限制；其二，各个社会群体文化差异所造成的生活方式之间的差异，文化差异是社会群体分类的主要标志，也是形成社会群体之间相互排斥和歧视主要因素；其三，较低的社会流动性，低流动性往往会使社会成员缺乏改善自身状况的积极性，形成低的社会流动信仰体系和社会变革信仰体系，从而缺乏社会竞争和社会创造，同时处于优势阶层的社会群体为了既得利益，往往会采取制度性的歧视来区分群体边界（吴忠民，2003）。

2.1.4.5　民族中心主义

认知因素主导着民族的整体意识，制约着民族情感、行为等非认知因素的发生。但在某种特定的社会环境下，民族意识中的非认知因素会摆脱认知因素的制约而膨胀，从而演化成一种盲目自大的民族中心主义。这种民族中心主义的意识，会形成对其他民族的偏见和排斥，进而形成歧视的态度和行为。另外种族主义的基础是种族，它有两个层面含义：第一是个体对特定种族成员的偏见态度和歧视行为；第二是社会对特定种族的歧视性法律与制度（周晓虹，1997）。

2.1.5　歧视的危害性

歧视是一种社会不公平现象，广泛存在于社会的各个领域，也往往具有很大的危害性。

2.1.5.1　歧视违背平等的社会基本原则

亚当斯（Adams，1965）社会平等理论认为平等是一个社会和个体的生存之本，歧视损害了部分社会成员的基本尊严，侵犯了社会成员应具有的平等、自由的基本权利。

2.1.5.2　歧视违背机会平等的社会基本原则

依照社会比较理论中的相对剥夺理论，歧视不正当地增加了部分社会群体成员的机会和资源，同时又剥夺了另一部分社会群体成员尤其是弱势群体成员的机会和资源，限制甚至阻塞了这些社会成员的发展前景（Mummendey et al.，1999）。

2.1.5.3 歧视违背公平的社会基本原则

依照社会交换理论中的公平理论，歧视造成了分配不公平、程序不公平和交易不公平（de Ruyter & Wetzels, 2000；Clemmer, 1993），使部分社会成员处于弱势群体状态，严重挫伤了部分社会成员和群体的工作及生活积极性，同时在其后代身上发生衍生效应。

2.1.5.4 歧视违背了社会合作、社会整合的基本原则

歧视损害了社会调剂的重要规则，使社会成员无法共享社会发展的成果。歧视造成的隔阂和不信任感会让社会和群体处于一种对立的状态，无法形成一种社会向心力，不利于社会长远、稳定的发展。

2.1.5.5 歧视妨碍社会正常文化和经济分化

社会发展到一定阶段，需要从文化和经济层面进一步分化以适应社会和经济深度发展的多格局的需要。由于歧视的存在，使得社会群体之间、文化和经济领域之间嵌入一种刚性化的隔离障碍，这就不同程度地阻塞着社会流动、社会变革和社会分化。

2.1.5.6 歧视降低人力资源的开发效率

人是构成社会的基本元素，对以人为本的人力资源的开发才能确保社会具有持续发展的动力。由于歧视的存在，内群体偏好使社会某些部门的工作岗位不能因才定岗，岗位和人出现严重错位，不仅造成工作效率低下，也造成人力资源的浪费。不利于整个社会人力资源的有效开发。

2.1.5.7 降低整体社会的发展质量

社会现代化进程要求，随着社会的进步，随着社会文明的提

高，随着社会财富的高速增长，社会成员所拥有和使用的公共资源也越来越多。理论上公共资源是用来改善全体社会成员的物质与文化生活，使全体社会成员在共享社会发展成果的基础上产生更高的生产积极性，从而进一步提升社会的发展质量。但是，歧视使得社会财富的分配失调，加大了社会的贫富差距，这自然就降低了社会发展的质量。无法产生社会和谐，影响社会长远、稳定和健康的发展。

2.1.5.8　阻碍经济发展

经济是社会物质和文明发展的主要引擎，而歧视会在某些经济领域和板块设置不合理的准入制度，形成垄断，阻碍个体和民营经济的进入和发展。使社会资源得不到最大化配置，形成社会浪费，无法满足社会发展及个体需求，整个社会经济效率降低。经济缺乏活力，阻碍社会经济转型和高速发展。

总之，歧视会形成一个病态、缺乏活力和动荡不安的社会。一个现代化社会、一个和谐社会，应当在制度安排、政策制定的层面上进行科学合理的设计，以减少并防止制度和政策层面上的正式歧视现象，而且通过加强法制建设，弘扬传统文化和道德规范，推进市场经济机制和构造和谐社会风尚，以提升社会成员素质和道德情操，最大化地杜绝或减少非正式歧视现象。

2.1.6　歧视的影响效用和作用机制

2.1.6.1　社会性和个体性歧视

宏观上讲歧视作为一种社会现象而广泛存在于社会生活的各个领域，具有一定的社会性，是一种社会现象，即歧视对社会形成的影响，或者歧视影响的社会性。除了社会性，还有就是微观上的个体性，即歧视对个体或群体形成的具体影响。所以对歧视的研究也分为社会性研究（宏观研究：对社会、经济、法律等宏观层面的研究）和个体性研究（微观研究：对个体或者群体等微观层面的研究）。

2.1.6.2　歧视知觉的影响效应

歧视知觉主要是相对于客观歧视而言的主观体验，指个体知觉到由于自己所属的群体成员资格（group membership）而受到的不公正的消极性或者伤害性对待，这种不公正的对待可以表现为实际的行为动作，也可以表现为拒绝性的态度或者某些不合理的社会制度等（Major et al. , 2002；Pascoe & Richman，2009；Tom，2006；Hill，2001）。在现实生活中，歧视知觉是影响个体心理发展的重要压力环境，戴恩和川上（Dion & Kawakami，1996）认为与客观歧视相比，正是歧视知觉这一"心理现实"作为实际的变量影响着个体的心理与行为。在个体积极发展的诸多指标中，幸福感是体现个体心理发展积极程度的重要指标之一。幸福感（subjective well-being）是指个体根据自定的标准对生活质量进行整体性评估而产生的体验，由认知和情感两种成分组成（Diener，2008）。随着歧视研究的不断发展，心理学家从多个角度系统考察了歧视知觉对于弱势个体和群体成员的影响作用，不仅研究了歧视知觉对个体或群体的消极效应，也通过心理弹性理论从积极的角度对歧视知觉的效应进行了研究。

第一，直接性的消极效应。歧视知觉的增加会逐渐降低弱势群体成员的幸福感，并导致较多的负性问题（Pascoe & Richman，2009）。压力应对理论认为，歧视是影响弱势群体成员的重要压力来源（Lazarus，1984），这种知觉到的危险信息会使个体一直处于一种应激状况，在心理层面，对应激情景超过了个人应对能力可能导致愤怒、愤怒、焦虑、偏执、无助、无望、挫折、怨恨和害怕等情感；生理层面被认为是伴随不成功应对结果而产生的，主要影响免疫系统、神经内分泌和心脑血管系统的功能。临床研究发现种族压力源和医学疾病像高血压、血压偏高和心脑血管疾病（Krieger & Signey，1996；Fray，1993）和低水平的生活满意（Phillipp，1998）之间的关联。社会认同理论认为，个体通过社会分类，对自己的群体产生认同，并产生内群体偏好和外群体偏见。社会接纳是影响个体心理健康的重要因素，歧视知觉作为个体对外群体排斥性行为的主观觉察，会直接降低个体的被接纳感，从而对幸福感等心理健康状况带来消极影响（Major et al.，2002；Seaton et al.，2010；Tom，2006）。现实冲突理论认为，由于财富、稀缺资源或者机会的竞争引起群体间的冲突（Sherif & Hovland，1961）。当内群体感知到外群体对他们的利益和生存构成威胁时就会对外群体产生害怕和敌视的情绪（Brewer & Campbell，1976），负面的感知和态度形成了对外群体歧视的基础。社会比较理论中的相对剥夺理论认为，个体主要通过与他人进行比较来评价自己的地位和处境，弱势群体成员经常体验到一种被剥夺基本权利的感觉，这种被剥夺感不仅让他们丧失了很多现实中的机会，还会对其心理发展带损害，如导致抑郁、悲伤以及恼怒等负面情绪（Mummendey et al.，1999）。习得性无助理论认为，歧视知觉会让个体感到他人对待自己的方式主要受外在的、无法改变的因素影响。一旦意识到事情的结果主要取决于个人无法控制的因素，个体会逐渐感到不能决定自己的命运，并认为未来的事情将不受自己控制，从而产生巨大的无助感或丧失感，带来一系列的心理问题（Ruggiero & Taylor，1997）。符号互动理论认为，个体的自我概念主要通过与重要他人的交互作用而建立，很大程度上，个体需要借助于他人的反馈性评价来建立自我概念（David & Thompson，2005），弱势群体成员可能存在着内化他人消极观点的危险，即长期受到歧视的个体，最终会把他人的偏见态度内化为自己的观点，从而影响个体的自我价值感。达利和法齐奥（Darley & Fazio，1980）的自我实现预言效应（self-fulfilling prophecy effects）也认为被歧视者会逐渐出现与别人的消极刻板印象相一致的行为方式。其他的研究也显示了歧视引起的急性和慢性的心理后果，比较多的是被轻视（鄙视）、没有资格、无助、无能为力、悲伤和害怕等情感（Feagin & Sikes，1994；Essed，1991）。在对美国各社团的一项人口调查都一致显示了歧视知觉和心理、生理疾病积极相关（Williams et al.，1997；Sanders - Thompson，1996；Rumbaut，1994；Amaro et al.，1987；Salgado，1987）。

第二，间接性的积极效应。随着心理弹性理论的兴起，一些研究者开始从积极的角度对歧视知觉的效应进行探讨（Perldns & Rorden，2003），如图 2-1 所示。卢塔尔（Luthar，2000）认为心理弹性（Resilience）是指个体在明显的逆境中能够积极恢复并良好适应的动态过程。心理弹性的动态过程是指保护性因素与危险性因素产生交互作用的过程。其中危险性因素是指阻碍个体正常发展，使个体更容易受到伤害而得到不良发展结果的生物的、心理的和认知方面的因素。保护性因素是指能够促进个体或群体成员良好适应的人格、社会以及体制等方面的各种因素和资源，包括个体、家庭、社会中的影响因素。大量研究把心理弹性看做成危险性因素和保护性因素交互作用的过程，并认为适度的危险性因素水平反而可能促使激发个体战胜逆境或压力的潜能，从而可能出现更为积极的发展结果，但如果危险因素持续不断且程度严重，尽管有保护因素的作用仍可能导致个体出现消极结果。按照心理弹性过程理论，个体在感知到歧视知觉后会发生危险性因素和保护性因素交互作用的过程，其中心理及生理的消极反应，比如沮丧、无助、失望、悲伤、愤怒等危险性因素会对个体形成伤害并阻碍个体的发展，而较强的自我概念，积极的应对措施、家庭支持和社会支持以及群体认同等保护性因素会抵消和缓解危险性因素的消极作用。使个体能够调整、恢复、适应甚至是控制这种状态，并能够继续良好的发展。克罗克和梅杰（Crocker & Major，1989）的归因模糊理论认为将消极互动归因于歧视作为一种自我保护功能，能产生更高的自尊，歧视知觉是个有效的策略保护自尊免受失败的负面影响。归因于歧视可能外化了失败的原因，间接地保护了个体的自尊水平。梅杰等（1998）也进一步指出通过把自尊与特定领域结果的防御性分离，使个体的自我价值感不再依赖于该领域的成功或失败，歧视知觉对自我价值感具有保护作用。格雷李特等（Gray – Little et al.，2000）和特文格等（Twenge et al.，2002）通过元分析考察发现弱势群体虽然报告了歧视知觉，但是他们的自我价值感并没有显著降低，甚至高于相对应的优势群体成员。另外，一些实验研究也表明，把消极事件归因于歧视可以保护个体的自尊水平（Crocker et al.，1991）。

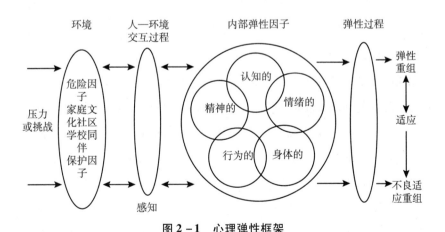

图 2 - 1　心理弹性框架

2.1.6.3 歧视知觉影响效应的内在机制

戴维等（David et al.，2006）研究发现，在不控制群体认同的情况下歧视知觉与个人自尊和集体自尊的相关性均没有达到显著水平。汤姆（Tom，2006）研究也表明歧视知觉与自尊及情绪之间的显著性并不总是显著。通过对歧视知觉消极和积极效应的分析，不难发现歧视知觉与个体心理健康和行为之间可能存在多种加工途径和过程，这些加工途径和过程存在方向上的差异，从而使得各自的影响效应相互抵消。布兰斯科姆等（Branscombe et al.，1999）从消极和积极双重加工的角度，提出了一个整合的观点——拒绝认同理论（rejection-identification model，RIM），如图 2 - 2 所示。该理论认为，歧视知觉实际上体现了个体知觉到的外群体的一种拒绝态度或者行为，这种对拒绝的感知可能会导致两种相互矛盾的效应：一方面，歧视知觉会提高个体的内群体认同感，并进一步缓解歧视现象对心理健康的消极影响；另一方面，歧视知觉也使得个体进一步认识到自己所在群体的弱势地位，从而降低心理健康水平。这就说明了歧视知觉对心理健康的作用机制，即一方面歧视知觉通过群体地位对心理健康产生直接的消极作用；另一方面又间接的通过群体认同对心理健康产生积极作用。布兰斯科姆等通过对不同的弱势群体的研究，发现了大量的证据来支持他们的拒绝认同模型，通过美籍非洲人（Branscombe et al.，1999）、妇女（Redersdorff et al.，2004；Schmitt et al.，2002）、残疾人（Jetten et al.，2001）、国际留学生（Schmitt et al.，2003）以及老人（Garstka et al.，2004）来验证拒绝认同模型。按照拒绝认同理论和心理弹性理论，除了个体变量外，群体认同是最重要的保护性因素，也是积极途径的关键节点，为个体提供来自内群体成员的各种社会支持，这些社会支持包含直接的情感支持和共享的信息与资源等支持；另外群体认同还为个体提供一种归属感和被接纳感用以缓解其他群体歧视产生的各种心理压力。大量研究显示个体歧视和群体认同之间积极的关系（Branscombe et al.，1999；Schmitt & Branscombe，2002；Sellers & Shelton，2003；Smith & Ortiz，2002）。拒绝认同理论首次同时动态地考察了歧视消极和积极的双重效应。还同时对心理健康的两个水平——个体和集体水平进行了研究，而这两个方面都被认为与歧视知觉密切相关（Tom，2006）。拒绝认同理论为进一步研究歧视知觉心理反应提供了方法和途径。

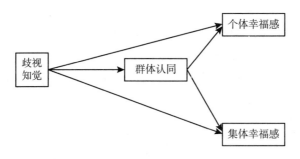

图 2 - 2　布兰斯科姆等（Branscombe et al.，1999）的拒绝认同模型

在拒绝认同理论的基础上，莱奥纳尔代利和托马拉（Leonardelli & Tormala，2003）对拒绝认同理论进行了补充，如图 2 - 3 所示，认为歧视知觉通过内群体认同对幸福感产生积极作用，另外通过群体地位感消极影响幸福感。他们认为，歧视知觉对集体幸福感的消极影响作用，可能在一定程度上受到内群体地位感的影响。随着个体歧视知觉程度的增加，个体的内群体地位感会逐渐降低，越来越感到自己所在群体遭受社会拒绝和排斥，从而导致集体幸福感的不断降低。后来通过对女性大学生的性别歧视知觉进行研究发现，当把群体地位感纳入数据分析后，歧视知觉完全通过群体认同感和群体地位感的中介发挥间接作用。其中，消极效应主要借助于

个体的群体地位感的中介效用而发挥作用，积极效应主要借助于个体的群体认同的中介效用而发挥作用。

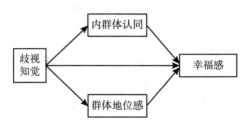

图2-3　莱奥纳尔代利和托马拉（Leonardelli & Tormala, 2003）的
拒绝认同模型

汤姆（Tom, 2006）也进一步从两个方面对拒绝认同理论进行了完善：一方面，通过研究发现，歧视知觉的产生主要是基于个体所在的群体成员资格，歧视知觉最直接影响的应该是集体幸福感，而不是个人幸福感，如图2-4所示。所以，歧视知觉对个人幸福感没有直接影响，应取消两者之间的直接关系和途径。另一方面，结合目前的研究发现，集体自我与个体自我之间存在着密切的关系，集体幸福感可以促进个体自身的幸福感（Luhtanen & Crocker, 1992），所以，集体幸福感对个人幸福感有直接的影响效应。

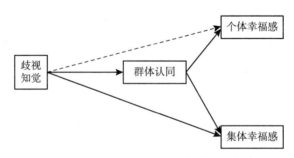

图2-4　汤姆（Tom, 2006）的拒绝认同模型

自尊是个体自我系统的重要成分之一，也是心理健康的核心要素，它对个体的心理活动有着重要的作用，与个体的心理健康和人

格发展直接相关。同时，自尊一般作为中介变量，影响着个体的认知、动机、情感等其他社会行为（钱铭怡和肖广兰，1998）。

之前很多研究显示，个体歧视和自尊负相关（Kobrynowicz & Branscombe，1997；Postmes & Branscombe，2002；Sellers & Shelton，2003；Smith & Ortiz，2002；Walker & Mann，1987）。依照社会认同理论，受到歧视的人们会通过增加内群体认同感来应对不公平的行为，群体认同对自尊有着积极的作用，通过增加群体认同减缓歧视的作用，抵消歧视对自尊的副作用（Ellemers，1993；Ellemers et al.，1993；Tajfel，1978；Tajfel & Turner，1986），依照贴现假设理论，歧视知觉是个有效的策略保护自尊免受失败的负面影响（Crocker & Major，1989），群体歧视减缓个体歧视负面作用。

依照拒绝认同理论、贴现假设理论（Crocker & Major，1989）和相对剥夺理论（Runciman，1966；Walker & Mann，1987）。戴维（David，2006）通过对非籍移民研究发现个体歧视与个体自尊负相关，群体歧视与个体自尊正相关，如图 2-5 所示，群体认同在个体歧视和自尊之间具有缓解的作用，随后对妇女做研究也重复了以上的结果，同时由于年龄和性别以及群体认同影响自尊。在控制年龄、性别和群体认同的条件下个体歧视和自尊负相关（如不控制群体认同，则个人歧视和自尊不相关），但群体歧视和自尊正相关（不受群体认同的影响，这是因为人们在困境中不感觉孤单，因此缓解和减轻了被排斥的负面效果）。群体歧视和群体认同被控制后，个人歧视对自尊表现出更强的负面作用。

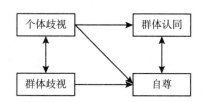

图 2-5　戴维等（David et al.，2006）的拒绝认同模型

国内学者也对拒绝认同模型和理论进行了研究和验证，歧视知觉对流动儿童个体和群体幸福感直接显著负向预测作用（刘霞等，2013）；群体认同和群体地位感的中介作用，歧视知觉通过群体认同增加幸福感，通过群体地位感减少幸福感（邢淑芬等，2011；刘霞，2013；师保国等，2013）；歧视知觉与个体自尊和集体自尊负相关（蔺秀云等，2009；刘霞和申继亮，2010；邓小晴和师保国，2013；郝振和崔丽娟，2014）。

2.1.7　歧视研究现状讨论

国外对歧视的研究始于20世纪60年代，基于社会学和人类学进行的社会研究，提出歧视是基于群体属性和特征的有所区别的对待，是一种社会不公平的现象，在社会认同理论、公平理论、相对剥夺理论以及现实冲突理论等理论的基础上从宏观层面将歧视对社会和群体形成的负面影响进行了研究（Goffman，1963；Brewer et al.，1979；Dovidio et al.，1986；Hughes et al.，1971；Wagner & Ulrich，1982；Adams & Stacy，1965；Almond et al.，1960）。后来在拒绝认同理论、压力应对理论、习得性无助理论等理论基础上从心理学的微观层面将歧视对个体或群体造成的心理和生理的健康影响进行了研究（Williams & Mohammed，2009；Brody et al.，2006；Murry et al.，2001；Simons et al.，2003；Simons et al.，2002，2006）。随着社会和经济的快速发展，歧视相关研究逐步拓宽至政治、经济、哲学、法律等领域以及社会学中对种族、移民、青少年犯罪等具体社会现象的研究（Hill et al.，2001；King et al.，2006）。同时于21世纪初在社会学和心理学的基础上以种族歧视为基点在市场营销学领域展开相关研究，对歧视起源和作用机制及社会和个体危害性做了系统的研究，但也存在以下几个问题：大部分研究是基于种族和移民，需要在不同的社会环境中验证和补充；大部分研究都是基于文献和深度访谈的定性研究，缺乏实证定量研究；有些理论相互矛盾和冲突；社会学研究比较多，市场营销学研究比较少。

国内关于歧视研究始于 20 世纪初，主要集中在歧视知觉对流动和留守儿童的心理健康研究（刘霞等，2008，2009，2010，2011，2013；蔺秀云等，2008，2009，2010；方晓义等，2008，2009；范兴华等，2011，2012，2013）。具体研究了歧视知觉与学校类型、年龄大小、性别和流动时间的关系，以及对流动儿童心理健康（社交焦虑、孤独、抑郁）的直接负面作用，也对国内歧视现状和作用机制进行了研究（吴忠民，2003；刘霞，2008）。近两三年又拓宽至青少年、贫困大学生、农民工及疾病患者等其他人群和社会现象的研究（郝振等，2014；苏志强等，2015；李董平等，2015；叶枝等，2015；魏荟荟等，2016；谢其力等，2016；鲍振宙等，2016；左培颖等，2016），研究了歧视知觉对青少年和大学生的抑郁、孤独感、睡眠等心理健康的影响，以及与农民工和失地农民的社会文化适应的因果关系，应对策略（消极和积极）、社会支持（城市认同，老家认同）、自尊的中介作用和调节作用。国内研究主要是结合中国文化，验证国外歧视的相关理论，歧视知觉对心理健康和社会适应的直接负面作用，个体和群体差异，歧视与自尊的关系等，并得出一些有差异性的结论，如歧视知觉个体大于群体、歧视对自尊的直接影响等，同时展开歧视知觉和自尊的中介效应对青少年心理健康的研究。同时也存在很多问题：大部分还是国外研究理论的初步验证，结合中国文化特征突破的较少；心理弹性研究的比较少，即歧视带来的积极效应；对流动儿童的歧视研究大部分都集中在北京，结论的普适性有待进一步验证；缺乏个体水平差异对歧视知觉影响的相关研究；个体和群体歧视知觉成因和作用差异（心理健康研究多，归因和应对策略研究得少）；歧视研究集中在社会、心理领域，经济、法律、哲学、医学和市场营销学相对较少，特别是关于市场和商业研究。

2.2 顾 客 歧 视

2.2.1 顾客歧视内涵

2.2.1.1 顾客歧视的定义

顾客歧视通常定义为顾客在市场中基于群体特征而受到的有所区别的对待，这种对待有利于内群体而不利于外群体（Crockett et al.，2003）。通过此定义，可以归纳出顾客歧视的几个特征：一是顾客歧视是个体的一种主观感知，不是客观歧视，这与价格歧视不同，价格歧视企业为了实现利润最大化，企业采取的最优策略。二是基于群体特征而不是个体特征形成的区别对待。三是基于营销学的市场服务情景中发生的歧视行为。四是基于内群体偏好，一个群体对另外群体的拒绝和排斥，以及不提供资源。

一些社会研究已经证实了顾客歧视存在于不同的服务情景中。例如餐饮（Rosenbaum & Montoya，2007）、旅游（Ye et al.，2012）、医疗（Schulman et al.，1999）、保险和金融服务（Turner & Skidmore，1999；Wissoker et al.，1998）、不动产购买（Yinger，1995）、汽车购买（Ayres & Siegelman，1995）、逛商场（Boyd，2003），甚至叫出租车（Ridley et al.，1989）。这些研究不仅揭示了顾客歧视的普遍存在，而且还显示了一个社会弱势群体的成员在社会领域和商业生活中遭遇不公平约束的程度（Feagin & Sikes，1994；Oliver & Shapiro，1995；Williams et al.，2001）。

2.2.1.2 顾客歧视的分类和具体表现

克林纳和沃尔什（Klinner & Walsh，2013）根据感知歧视的程度和外显性不同将顾客歧视分为三类：公然歧视、服务绩效歧视和微妙歧视，如表2-1所示。

表2-1 顾客歧视分类

歧视分类	具体表现	来源
公然歧视	语言辱骂，侮辱，耻辱性的评论，耻辱性的行为，粗鲁的行为，身体和语言攻击等	Allport（1954）；Rosenbaum & Montoya（2007）；Ayres & Siegelman（1995）
服务绩效歧视	很少注意和接受我的需求和问题，对我傲慢，很少时间提供购买建议给我和快速转向下一个顾客，态度冷漠，被监视，等待时间长，收取过高的价格，不愿意分享信息，同当地顾客分离，差的服务和差的产品，拒绝服务等	Fowler et al.（2006）；Feagin（1991）；Pager（2006）；Ayres & Siegelman（1995）；Gneezy & List（2004）；Morton et al.（2003）
微妙歧视	表现优越感，不敬的眼神，傲慢的眼神，以高人一等的态度对待，少有眼神交流，笑容较少，瞥了一下，音调变化，不愿意提供帮助，缺乏信任等	Harris（2003）；Walsh（2009）；Ye（2012）；Klinner & Walsh（2013）；Crockett et al.（2003）

2.2.1.3 顾客歧视研究范围

目前顾客歧视研究主要集中在种族、年龄、同性恋、宗教信仰、残疾、性别等六大领域（Crockett et al.，2003；Warner et al.，2004；Baldwin & Johnson，2000）。

种族歧视：种族歧视研究最为普遍，通过歧视理论研究发现，歧视在很大程度上是基于种族歧视研究发展起来的。文化差异是形成种族歧视的主要原因。根据美国盖洛普统计显示一半黑人在商业和交通等领域遭遇过歧视（O'Connell，2001）。安斯科和莫特利（Ainscough & Motley，2000）研究也发现黑人在零售消费服务中等的时间明显要比白人顾客长一些。

性别歧视：性别歧视在职场中表现比较明显。在商业领域主要研究女性受到男性服务人员的内群体偏好动机产生的歧视行为，以及以男性为主参加的商业服务和活动中对女性的偏见产生的歧视行为（Ayres & Siegelman，1995）。

年龄歧视：主要针对老年人和儿童，特别当服务人员主观感知到服务对象与服务环境和服务产品缺乏一致性时（Rosenbaum & Montoya，2006），服务人员就往往会缺乏沟通和耐心地讲解、简单粗暴地直接给予建议性的服务，没有充分尊重顾客的意愿和实际需求。这类研究相对较少，因为这种偏见可以被社会接受。

残疾歧视：需要说明的是这里所指的残疾是广义的残疾（包括：身体、智力缺陷、肥胖等），往往表现为拒绝问候和帮助（Lakdawalla et al.，2004）；奇怪的眼光，不耐烦、粗鲁的回复，体格健壮者优先等缺乏令人满意的交易互动（King et al.，2006）。一些学者发现内群体成员和外群体低地位人员互动时有更高的歧视行为（Cadinu & Reggiori，2002）。内群体认同的实现，伴随着对外群体控制和施加影响的欲望（Stone & Colella，1996），当服务于残疾群体（低地位）时这种欲望更强烈。

男女同性恋歧视：同性恋会受到更高水平的歧视，也成为最近歧视研究的热点之一，相关研究主要集中在零售、酒店、金融服务、医疗等领域（Robertson，2004；Johnson，2005；Wessler，2005；Walters & Moore，2002；Walters & Curran，1996）。往往表现为被取笑和谈论，接受更多的询问和等待更长的时间。当个体识别一定的群体时，会形成和这个群体及成员的一种关联性（Mael & Ashforth，

1992)，具有异性恋意识的服务员不认同同性恋的社会身份和关联性（Turner，1984)，从而导致歧视行为。

宗教信仰歧视由于关联到政治和社会制度，在社会学中研究比较多，在商业领域中很多归为种族歧视进行研究。

2.2.2　顾客歧视的归因

对于顾客歧视产生的根源，在基于社会学理论的基础上众多学者进行了广泛的研究。

2.2.2.1　归因模糊论

克罗基特等（Crockett et al.，2003）在研究中提出了三个概念化的模型来解释顾客歧视的形成。第一个概念化模型为归因模糊论。少数团体将消极互动归因于歧视作为一种自我保护功能，产生更高的自尊（Crocker & Major，1989）。第二个概念模型是个体和群体歧视不一致论，相对于群体而言，个体否定和最小化自己受到的歧视，认为歧视针对于自己所在的群体而不是个体自己，个体感知到的歧视往往和群体感知相矛盾（Taylor et al.，1990）。第三个概念模型为歧视归因不对称论，罗丁等（Rodin et al.，1990）从顾客歧视实施者的角度发现权力感强的人（白人、男人、异性恋、年轻人）比权力感弱（黑人、女人、同性恋、年老）的人更倾向于歧视行为。权利定义为能够控制对自己和其他群体的奖励、惩罚和资源。同时也从受害者的角度发现，当资源拒绝给权利少或权利多的人时，权利少的人更容易感受到偏见和歧视。以上克罗基特等（2003）的研究主要以实验性的方法得出，而没有关注现象学的归因。

2.2.2.2 社会认同理论

沃尔什（Walsh，2009）在社会认同理论（Tajfel & Turner，1986）的基础上对顾客歧视成因作了系统的解释和研究。社会认同理论产生于对群体间行为解释，它认为个体对群体的认同是群体行为的基础，是群体关系研究中最有影响的理论。泰费尔（Tajfel，1978）将社会认同定义为个体认识到他（或她）属于特定的社会群体，同时也认识到作为群体成员带给他的情感和价值意义。

社会认同理论认为个体通过社会分类，对自己的群体产生认同，并产生内群体偏好和外群体偏见。泰费尔（1970，1971）采用了最简群体实验范式（Minimail - Group paradigm）来深入地观察群体的运作方式，实验有以下特点：（1）群体临时组成，成员之间以前没有过真正的面对面的互动。（2）群体内部没有稳定的结构。（3）群体间没有任何过去交往与文化交集。研究结果显示，当被试者单纯地知觉到分类时，就会分给自己的群体更多的资源和正向的评价。这种认知上的分类，会让我们主观上知觉到自己与他人共属，而产生一种认同感，这样的认同所引起的给内群体较多资源以及正向的评价的现象称为内群体偏向，而对外群体成员则分配较少资源并给予负向的评价这种现象称为外群体歧视（Otten & Mummendey，1999）。

依照社会认同理论，通过相似和不相似产生内外群体（Hogg & Abrams，1988），通过一些主体特征如性别、体质、种族、收入、人口特征、宗教和性取向等来定义主群体和次群体（Bhattacharya et al.，1995），群体内成员会通过对内群体成员评价积极于外群体而产生内群体偏好（Deshpande et al.，1986），同时警惕于外群体（Castano et al.，2002），对外群体形成歧视（Walsh，2009）。

2.2.2.3　内外动机理论

在消费情境中员工和公司是服务营销中最基本的决定因素（Groth et al.，2006）。依照社会认同理论内群体对外群体的偏见形成歧视行为，普莱特和迪瓦恩（Plant & Devine，1998）通过对员工和公司的内外动机来源研究来分析偏见的形成，发现内在动机是来自个体的内化规范和个人重要无偏见标准，外在动机是遵守无偏见准则的社会和工作压力。

内在动机：工作压力（工作负荷大）和工作满意度

工作负荷过大会引起员工心理抵抗和身体疲劳等问题，并导致员工在日常工作中运用情感或者认知的应对策略，比如古板（一成不变、消极）是一种员工常用的认知应对策略，当服务员将顾客归为弱势群体范畴，服务员将在服务过程中运用很少的认知资源，并遵从简化信息处理的心理模型（Buunk & Ybema，1997），无意识地降低目标和事件的多样性（Bruner et al.，1956），同时在社会认同思维和行为倾向的影响下，服务外群体需要更强的自控力，以及自控力的消耗使服务员倾向于在服务外群体时做得比正常的差一些（Devine et al.，1991），这往往容易导致歧视行为的发生。

工作满意度指的是员工对工作积极或消极的态度（Churchill et al.，1974）。洪堡和施托克（Homburg & Stock，2004）证实了工作满意和顾客满意之间的正相关关系，他们的研究显示，顾客能解码服务员在交易互动过程中的积极情感，从而对服务作出积极的评价，从而产生满意的感觉。因为满意的员工在意于公司的福利和发展，所以在工作中会力求避免对公司形成负面影响的行为出现，比如顾客歧视。同理，不满意的员工很难使自己情感与公司的宗旨一致，自控力减弱，更倾向于歧视行为。

外在动机：顾客至上导向和规范服务准则

顾客至上导向是很多公司最高的经营战略目标和长期沉淀的企业文化，如图 2-6 所示。顾客导向是指公司和服务人员尽最大努力实现顾客的实际需要，以顾客需求为第一原则（Brown et al.，2002）。顾客导向是顾客满意的主要决定因素（Parasuraman et al.，1988），服务员对弱势群体调节和展示情感影响服务传递过程中的顾客感知。服务行为的标准化能减少服务行为的异质性，增加服务传递的质量。所以说顾客至上和制定规范服务标准能够提高服务质量，增加顾客满意，减少歧视行为。但需特别指出的是服务准则也为服务人员遵从准则而较少运用认知努力服务于弱势群体找到了借口。

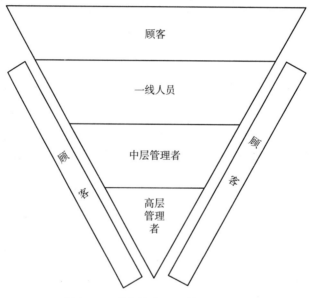

图 2-6　现代顾客导向的组织结构

2.2.2.4　全景因素理论

叶等（Ye et al.，2012）在克罗基特等（Crockett et al.，2003）

及沃尔什（Walsh，2009）顾客歧视研究的基础上以中国香港普通旅游和医疗旅游为背景，研究发现游客、文化和情景因素也是构成顾客歧视的重要前因。从文化、顾客、服务员和情景 4 个因素对顾客歧视归因进行了系统的分析和完善，加强了歧视模型的预测能力（促进作用）。

文化因素：语言差异和社会规范差异；

情景因素：不平等待遇的频率和当地顾客的存在；

服务员因素：服务员的态度、服务员的年龄、服务员的教育水平和服务员的性别；

游客因素：游客的团体（社会）地位、过去的歧视经历和旅游动机（感知价值目标）。

2.2.3 顾客歧视的应对策略

2.2.3.1 基于社会学的应对策略

拉扎勒斯（Lazarus，1984）压力应对理论认为，歧视是影响弱势群体成员的重要压力来源，遭受歧视会产生很大的压力（Crocker et al.，1998）。对压力反应旨在消除和减少心理和生理的压力称之为应对。当个体面对有不利影响的压力时，他们会倾向于使用应对策略积极应对（Pearlin，1982；Stephens & Gwinner，1998；Pearlin，1989；Folkman & Lazarus，1988）。相关文献中应对反应有 3 种属于心理—社会范畴的方式，分别是问题集中、情感集中和社会支持（Pearlin，1989；Folkman & Lazarus，1988）。问题取向或者说直接面对是指通过恢复对应激情景的个人控制来最小化感知到的压力源带来的伤害。情感取向应对或者说克制（宽容）是指企图调节明显（已显示的）情感症状（Folkman & Lazarus，1988），面对感知到的伤害对自我认知和情感的重新定位，形成市场歧视持久性的情感区隔，寻求保护自我免除有害的心理后果。社会支持产生于社会网络，是个体通过社会资源获得的情感支持、物质援助和服务、信息等支持。

2.2.3.2 基于市场营销学的应对策略

公平理论来源于社会交换理论，建立在平等理论的基础上，显示社会互动是互惠交换，受分配公平规范的支配（Adams，1965）。部分学者在研究顾客和服务员之间的冲突和抱怨中发现在服务交换的过程中，顾客倾向于相互比较在交换过程中投入和产出的比例，以确定交换是否公平和平等（McColl - Kennedy，Sparks，2003；Tax et al.，1998）。市场营销文献区分了公平的3个维度：分配公平，程序公平和交易公平（de Ruyter & Wetzels，2000；Clemmer，1993），而交易公平特别和顾客歧视情景有关，是指顾客在交易过程中受到服务员的礼貌、尊敬和尊重。当对服务结果感觉到不公平时，顾客倾向于反向思维（McColl - Kennedy & Sparks，2003），反向思维描述了顾客倾向于思考服务与他们期望的不一致，包括对事实和情况的替代模拟，通过思考一件事情没有发生（比如礼貌对待），顾客会调整这个事实（期望）或者他们的行为以避免问题的发生，比如持续受到歧视行为。

顾客处理压力事件（如歧视行为）时会采取4种应对策略：回避应对策略、问题取向应对策略、情感取向应对策略（Walsh，2009）和社会支持应对策略。

（1）回避应对策略。在顾客感知到歧视后一般忽略而给对方一个余地，但是如果歧视行为升级，顾客会马上停止购物，一些顾客会感觉这种行为不是服务员的问题，而采取回避应对策略转移这种歧视压力。忽略是因为顾客感觉正式投诉比较尴尬，证明歧视比较

难。当顾客选择回避策略时，他们不会用有利的视角重新定位歧视
事件或者指责服务员，相反，因为害怕直接面对歧视行为会加深社
会公认的呆板印象，潜在地把一个小的不便升级为大的冲突，他们
会选择离开，走开和忘记体验是一种最小化歧视后果的应对方式
（Crockett et al.，2003）。

（2）问题取向应对策略。问题取向或者说直接面对是指通过直
接的方式，采取直接行动直接解决问题。如果顾客感觉投诉必须有
一个满意答复和处理方案。就会直接向服务员或者经理投诉，而不
是采用信件或电话的方式。顾客通过亲自、及时解决歧视问题，消
除自己的消极想法，让服务员听取能使顾客满意意见和做一些必要
的改变。2/3 的顾客会采取这种方法，如果对抱怨的回复不满意，
当抱怨的顾客感觉公司的补救企图包含高水平的程序和交易公平
时，一些顾客还会坚持继续投诉（Goodwin & Ross's，1992）。

（3）情感取向应对策略。情感取向应对或者说克制（宽容）
是指企图调整对问题反应的情感症状以到达一种好的心情（感觉）。
顾客通过一些事情来减少压力带来的情绪反应，如果不能使压力源
（歧视的服务员）走开，他们会采取对公司不利的态度和行为，这
样至少让自我感觉好一些，从而减少体验到的压力（Walsh，2009）。
还有一种情感取向应对策略是内化，即市场歧视受害者假定自己会
受到歧视，主动承受部分或者全部的心理责任来为避免伤害（歧
视）做好充分的准备。比如说服务提供者按照穿着来判断顾客的购
买能力和社会地位，那么，他们就会改变服饰，尽可能穿得品牌
化、职业化以降低被歧视的可能性。另外针对一些服务程序歧视，
比如付款要求，他们会准备现金和信用卡，因为不知道什么时候和
什么地方会受到歧视，所以，他们会事前做好充足的准备，加强
自己对市场歧视的控制能力和提高适应变化条件的能力（Crockett
et al.，2003）。总之，顾客歧视知觉会促成一种消极的心理状态和

情感反应（Westbrook，1987），处理这种消极情感的一种方法就是调整自己的情绪（Gross，1998），而往往会导致满意和信任的降低（Walsh，2009）。

降低顾客感知信任。交易公平能够加强顾客信任感知（de Ruyter & Wetzels，2000）。顾客希望从和一个服务公司的密切关系中获得各种社会关系的利益（Reynolds & Beatty，1999），这样的利益有时候指的是非实际的利益，例如，与服务公司不断互动中产生的关系和信任的加强（Gwinner et al.，1998）。服务人员不情愿对外群体顾客提供这种利益，导致了交易不公平和歧视行为，从而导致顾客感知信任的降低。

降低顾客满意。感知到歧视后，顾客的心理创伤很难恢复，也就导致一些消极的应对策略（Walsh，2009）。一般认为服务员的歧视行为不会形成顾客导向，从而不太可能获得顾客满意（Parasuraman et al.，1988）。虽然公平理论显示如果服务失败后服务员做了补救的努力，提高顾客感知价值，顾客可能会认为失败的服务是公平的（Collie et al.，2002；de Ruyter & Wetzels，2000），然而在服务员实施歧视行为的情况下，只有公司管理层意识到歧视行为，公司的补救努力才有可能导致顾客满意，或者说这都不能保证顾客满意的恢复。

负面口碑。负面口碑是顾客通过和公司之间形成情感区隔以减少歧视带来心理压力的一种应对方式（Crockett et al.，2003）。顾客感知到的缺乏交易公平是停止惠顾和负面口碑意图的主要驱动因素（Blodgett et al.，1993）。负面体验是口碑传播的强大动力，负面体验具有高度情绪化，令人难以忘怀，从而促使顾客不断抱怨，并阻止自己身边的人遭遇同样的体验。负面口碑传播可以严重影响接受者的态度和行为，特别是互联网时代，这种负面口碑可以借助网络和论坛的力量，形成巨大的破坏效应，是一种对公司形成潜在的最坏影响的应对策略。

减少惠顾/降低忠诚。古德温和罗斯（Goodwin & Ross，1992）研究显示顾客公平感知和塑造顾客忠诚之间正相关。在公平理论基础上，麦科尔·肯尼迪和斯帕克斯（McColl - Kennedy & Sparks，2003）的研究也显示服务员的补救努力和顾客服务补救感知正相关，然而在歧视行为的情况下，服务员在服务过程中缺乏积极的情感，没有尽最大努力使顾客满意。顾客在与服务员互动的过程中没有感知到分配公平或者交易公平，从而产生不满意和减少惠顾与降低忠诚。

（4）社会支持应对策略。社会支持产生于社会网络，卡伦（Cullen，1994）认为社会支持是个体从社区、社会网络或从亲戚朋友获得的物质或精神帮助。在以上三种应对策略都不能减少歧视给顾客带来的心理压力和负面情绪时，顾客就会通过自己的社会资源需求社会支持。以获得物质和情感支持从而提高个体的社会适应性，使个体免受不利环境的伤害（Malecki et al.，2002）。随着互联网技术的快速发展，社会支持被视作一个除问题集中和情感集中应对策略之外对体验压力和整体压力结果的重要调节变量。

家庭支持、朋友支持和其他支持。这是从社会支持来源角度进行的分类，强调个体对来自各种社会支持来源的理解和领悟。李强（1998）认为社会支持是一个人通过社会联系所获得的，用来减轻心理应激、缓解紧张状态、提高社会适应能力。其中社会联系指来自家庭成员、亲友、同事、团体、组织和社区的精神上和物质上的支持和帮助。

认知支持、情感支持和行为支持。这是以社会支持维度为出发点的分类。认知支持指提供各种信息、意见与知识等，情感支持指安慰、倾听、理解及交流等，行为支持指实际的帮助行动（程虹娟，2002）。

需要指出的是，顾客在寻求社会支持的同时也会积极地通过负面口碑来传播自己的消极体验和阻止朋友遭遇类似的消费体验。

2.2.4　顾客歧视知觉的概念模型

自从克罗基特等（Crockett et al.，2003）对顾客歧视进行定义和研究以来，不同学者对顾客歧视的归因和应对策略进行了相关研究，并勾画出不同的顾客歧视知觉模型。

2.2.4.1　克罗基特等（Crockett et al.，2003）的顾客歧视知觉研究模型

克罗基特等（2003）最早提出顾客歧视概念和定义，并以种族歧视为对象展开相关研究（见图 2 - 7）。在社会学（Lee，2002）、人类学（Chin，1998）和心理学（Inman et al.，1996）关于种族和少数民族顾客在服务互动中产生的歧视知觉的基础上，将顾客歧视归因于个体自我保护、个体歧视感知低于群体歧视感知和部分个体或群体易于实施歧视和感知歧视等三个概念化模型，同时对顾客歧视压力应对策略包括问题取向、情感取向和社会支持三种方式（Pearlin，1989；Folkman & Lazarus，1988）。并提出个体差异（个体特征差异、对压力源的敏感性）和应对机制（积极应对和消极应对）对歧视压力具有调节作用。克罗基特等（2003）在社会学和心理学的基础上单独对顾客歧视知觉进行定义和研究，并搭建了顾客歧视知觉归因和应对策略的基本框架，为后者研究指明方向和奠定理论基础。但由于是基于种族歧视（男性）研究，所以针对性比较强从而具有一定的局限性，比如认为市场歧视就等同于黑人与暴力、犯罪、低社会地位等之间的关联认知，是一个种族或少数民族顾客感知到自卑和低人一等。种族或少数民族顾客由于害怕直接和

公开面对歧视带来的负面古板印象的社会效应而倾向于情感取向的应对策略，即通过对情绪或认知的再定位与感知到歧视形成情感上的区隔来弱化心理压力，然后进行自我内化，歧视受害者承受部分或者全部的心理责任来为避免伤害（歧视）做好充分的准备。加强自己对市场歧视的控制能力和适应变化条件的能力，例如，通过穿戴来迎合服务提供者对其购买能力和社会地位的判断和要求，通过准备现金和信用卡来迎合一些服务歧视的付款要求等。

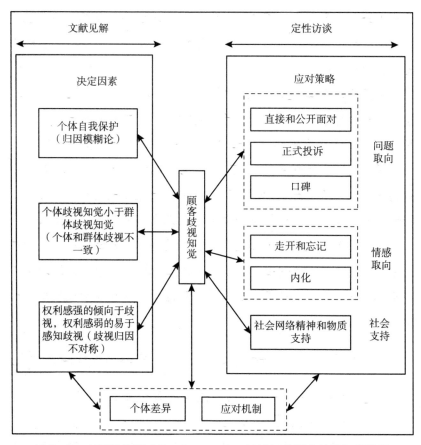

图 2 - 7　克罗基特等（Crockett et al.，2003）的顾客歧视知觉模型

2.2.4.2 沃尔什（Walsh，2009）顾客歧视知觉研究模型

沃尔什（2009）对顾客歧视决定因素的研究中，除了社会认同理论、相对剥夺理论和现实冲突理论等社会学理论外，在内外动机理论中引入了服务营销文献中的两个基本类型的影响因素，即员工和公司变量（Groth et al.，2006）。认为顾客歧视知觉由员工人口特征、内在动机和外在动机三个维度构成。员工特征包括年龄、教育和性别；内在动机是指员工工作压力和员工工作满意；外在动机是指公司顾客至上导向和统一服务准则。相应的应对策略在市场营销学公平理论的基础上分为回避、问题取向和情感取向三种方式，在对情感取向策略的研究中，将与顾客行为密切关联的信任、满意、口碑和忠诚等因素进行了重点的研究和分析，同时还指出了宏观（企业文化和法律环境）和微观（关系强度和互动水平）因素对顾客歧视知觉所具有的调节效应。准确地讲，沃尔什（2009）在社会学理论基础上基于营销学角度对顾客歧视知觉进行了全面和系统的研究，其中，歧视知觉的决定因素和应对策略都导入顾客行为学（营销学）理论和概念，但是受强势歧视研究的影响，仅从歧视实施者的角度进行了研究，并没有考虑被歧视者（顾客）以及其他因素，而且，它只是产生于文献和定性访谈，并没有通过实证的检验，如图 2 - 8 所示。

2.2.4.3 叶等（Ye et al.，2012）的游客歧视知觉模型

叶等（Ye et al.，2012）在社会认同理论基础上指出文化差距导致社会分类，从而产生内群体偏好和外群体歧视，并以旅游服务为背景对游客歧视知觉进行了研究。叶等（2012）认为游客和东道主跨文化交流中文化是最重要的因素，文化价值观差异、社会行为

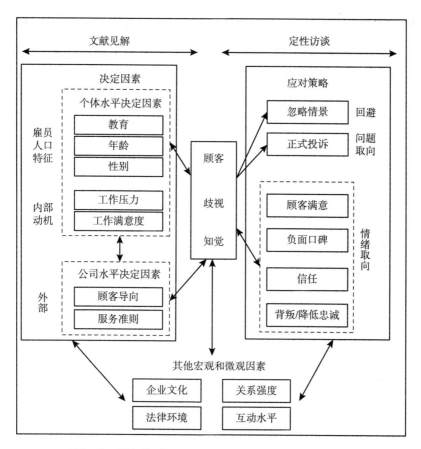

图 2-8　沃尔什（Walsh，2009）的顾客歧视知觉模型

规则差异和社会互动质量等形成了一定的文化冲突，而文化冲突是产生偏见和歧视的基础。具体分析了文化因素差异对游客歧视知觉的决定性作用，同时通过对情景因素在服务失败中作用的研究，认为游客的相对群体地位和消费情景线索也能导致歧视行为的发生。在应对策略中重点分析了口碑和重购意愿，这两个是与交易和交易关系密切相关的旅游行为意向因素，布伦博和罗莎（Brumbaugh & Rosa，2009）证实获得歧视对部分游客没有什么影响，当从旅游中获得利益大于歧视的心理成本时，为了达到自己（医疗旅游）的目

标，可以更多地容忍商业歧视行为，因此商业歧视也不会影响他们的行为意图。叶等（Ye et al.，2012）对此进行了验证并提出感知价值对旅游行为意向的调节作用，并基于旅游的特殊服务场景对游客歧视知觉进行了研究，提出了全景因素的游客歧视知觉模型，如图2-9所示，并针对情感取向中的口碑和重购意愿的应对策略进行专门研究，但由于旅游的特殊文化背景，模型的普适性有待验证，同时也没有进行实证定量研究。

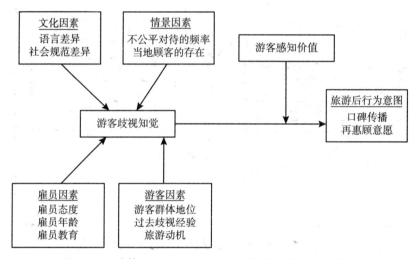

图2-9　叶等（Ye et al.，2012）的游客歧视知觉模型

2.2.4.4　克林纳和沃尔什（Klinner & Walsh，2013）的歧视知觉研究

克林纳和沃尔什（2013）研究显示现有的歧视来源于多种渠道。有客户的投诉，反歧视倡议书，或者法庭的案件审理，大部分研究是定性且以案例为基础，限制了研究结论的普适应。有些学者认为需要一个准确的测量量表去识别和管理顾客歧视，同时测量量表也能帮助服务公司去检测顾客对服务员、服务和整个公司的感

知。没有定量的研究把顾客歧视知觉进行因果关系分析，以及产生
消极的货币和非货币后果。克林纳和沃尔什（2013）在对顾客歧视
知觉文献进行系统整理的前提下，在小组谈论、深度访谈，专家指
导的基础上通过研究整理出歧视知觉测量量表并进行定量的实证检
验，根据歧视知觉的外显性和感知程度不同，把顾客歧视知觉
（PCD）分为公然歧视、服务歧视和微妙歧视，以及产生的沮丧和
无助的情感结果，如图 2 - 10 所示。克林纳和沃尔什对歧视的研究
是基于把顾客作为最重要的利益相关者的角度，确定了具有一定普
适性的顾客歧视量表，在顾客歧视的分类中引入了服务绩效来专门
研究服务水平歧视的影响效应，基于顾客歧视的市场细分建议，提
出了对顾客歧视引起的货币变量（销售额、钱包份额和顾客终身价
值）变化，以及在不同的互动强度和服务情景影响结果，但没有研
究调节变量，只是对情感结果进行了验证，也没有对顾客行为和意
向结果进行具体研究。

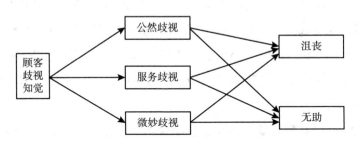

图 2 - 10 克林纳和沃尔什（2013）的顾客歧视知觉模型

通过以上对顾客歧视知觉模型的构建分析可以看出，歧视知觉
在社会学和心理学研究已逐步转移到服务营销中，用顾客行为学的
相关理论来研究歧视知觉的成因，特别是应对策略以及引起的顾客
行为意愿的变化，构建歧视知觉量表，进一步强调了要重视服务歧
视所引发的负面效果，也指出未来更贴合营销学和顾客行为学的研

究方向。

2.2.5　歧视知觉研究小结

在社会学和心理学歧视研究的基础上，研究者于21世纪初以种族歧视为基点在市场营销学领域展开歧视的相关研究，提出歧视知觉概念模型和测量量表（Andreasen，1975；Crockett et al.，2003；Tom et al.，2006；Walsh，2009；Pascoe et al.，2009，2012；Ye et al.，2012；Klinner & Walsh，2013）。并对歧视知觉的归因和应对策略进行具体的研究。在社会认同理论、内外动机理论、现实冲突理论、相对剥夺理论、社会公平理论、拒绝认同理论、压力应对理论、习得性无助理论等理论基础上提出文化因素、情境因素、员工因素和游客（顾客）因素共同决定了顾客歧视知觉；同时顾客为了缓解歧视知觉压力会采取四种应对策略：回避应对策略、问题取向应对策略、情感取向策略和社会支持应对策略；并把顾客歧视知觉分为公然歧视、微妙歧视和服务歧视，构建了歧视知觉量表；指出了个体差异、应对机制和感知价值对歧视知觉压力和应对的调节作用。虽然已有研究对歧视和顾客歧视研究比较系统，但也存在一些问题：

（1）现有研究都是在文献归纳基础上通过深度访谈、典型事件的定性研究，缺乏实证定量研究。

（2）只针对歧视知觉的归因、应对策略进行研究，而最关键的心理反应机制和对消费决策及行为的影响没有研究。现存的文献几乎没有考虑游客歧视相关的营销后果，例如忠诚和游客满意（Walsh，2009）。

（3）对很多文献提到的个体变量和应对机制对歧视知觉和行为的调节作用没有深入研究。

（4）对很多文献提到的游客之间的歧视行为影响没有研究。

2.3　歧视知觉的行为准则

不同游客拥有各自不同的行为准则，有些游客以经济理性为行为准则，强调服务的经济效益，有些游客则不但注重服务的效用价值，还在乎服务过程中所获得的情感体验。游客在感知到歧视知觉后的行为也是遵守一定的行为准则。游客歧视行为是一种旅游环境中不公平对待的行为，这类行为一般比较复杂，也难以比较理性，在不同的服务情景中进行不同的决策。因此，感受到歧视的游客在旅游过程中进行有限理性的决策，他们在实际的服务过程中仍以"满意"为购物准则，在注重服务经济价值的同时更关注服务过程中的情感体验。

2.3.1　理性决策

经济理性是对"经济人"假说的理论基础，经济理性体现在两个方面，一方面是个人对利益最大化的追求；另一方面是以最小代价获取最大利益。不难发现，这两个方面都体现了个人对经济目的的追求。在经济理性的基础上大量研究都假定游客是理性决策者，具有确定的偏好，而且其偏好和备选品的呈现方式无关。对游客来说，选择域中的每个备选品均具有特定价值，价值大小完全由该备选品的特征决定。同时游客还被假定有能力使选择效用最大化，不仅如此，游客还有足够的技能来计算哪个产品（服务）能使其获得的价值最大，并以此为基础作出选择。理性选择的目的，是识别和发现最优的选择，决策者只需要搜集备选方案属性表现水平的信息，把先前存在的价值赋予到各个属性水平，然后运用适当的选择规则，找出较优的备选方案。尽管理性选择理论可以帮助我们了解游客行为的很多方面，但很明显它是不彻底或不全面的。一种新观点认为，很多选择是游客在决策时构建的，游客都只有有限理性——有限的处理信息的能力。另外，游客通常都有与最优选择不同的目标，游客的选择可分为四个一般性的目标：决策准确性最大化、决策所需的认知努力的最小化、决策时负面体验的最小化和决策正当性理由简单化。在游客决策时这些目标的重要性会发生变化。

由上述分析可知，理性决策表明个体在资源约束情境下能够选择出最大价值的决策方案，在决策方案选择过程中一般以极大、极小以及确定性等法则为行为准则。然而在现实生活中，个体很难满足理性决策所必需的一切条件，因而无法作出最优决策。理论上游客会在不同旅游服务情景中使用不同决策，从而实现购买效用最大化。游客在感知到歧视知觉后他们的旅游决策变得更加复杂，额外增加了认知和情感上的利得和利失，这就使信息搜集、价值计算、属性评估等变得更加复杂，在有限时间约束下，追求效用最大化只是个美好的愿望。在现实的旅游过程中，游客都会以"满意"原则为旅游决策准则。

2.3.2　有限理性决策

游客理性决策往往难以实现，有限的信息能力，偏好不稳定。同时，游客常常有不同于或者多于选择最优方案的目标，游客往往都没有作出严格的理性决策，他们只是结合具体的情景进行决策。许多决策根本不涉及产品的属性，而是建立在对品牌的感情或总体印象上，有限理性决策包含感性（情感性）决策、属性决策和态度决策三个决策过程。

感性（情感性）决策，在本质上强调整体评价，没有对产品（服务）不同的部分给予分别评价，对产品（服务）的评价，一般以游客过程中的消费感受为主。感性（情感性）决策是基于情感的选择，实际上采用的是"我感觉怎么样"的决策标准，动机可以分为终极性（奖赏和刺激）和工具性（实现另外的目的）两种类型，当游客的潜在动机是追求终极效用而不是工具性效用时，可能采取情感型决策。另外的动机类型是调节焦点，当一个游客的调节焦点是促进型（希望、理性和成长）而非预防型（安全和保持现状）时，则更有可能进行情感决策。目前对情感型决策研究才刚刚起步，这类决策与具有更多认知成分的决策存在很大的不同，对那些在本质上可能是情感型的决策（主要是由消费动机引起），营销者应该设计那些能带来正面体验的产品和服务，应帮助游客想象在消费中和消费后的愉快感觉。

基于属性的决策要求游客在选择时具备有关产品特定属性的知识，并且对不同品牌（服务）的各种属性进行比较。基于态度的决策，一般是运用一般态度、总体印象、直觉和启发线索等进行选择。游客在实际消费过程中一般不依据属性进行选择。一种常见的方式是先基于态度形成激活域（也可以是考虑域），然后对各品牌（服务）进行比较以作出最终选择。

尽管追求效用最大化是游客消费过程中的主要目标之一，然而游客并不具备作出最优决策所需的一切前提条件。特别是感知到歧视的游客在服务互动中比大多数游客要更难以理性，歧视引起的负面情感使他们更倾向于有限理性的情感决策。因此，感知到歧视的游客在现实生活中更是有限理性的游客，消费行为也以"满意"原则为准则，旅游效用最大化只是他们内心一种美好的期望。

2.3.3　体验和价值共创

游客的旅游决策行为并不全都是理性的，反而他们经常凭借自己对消费情景的直观感觉、个人情感以及偏好而作出消费决策。从认知心理学角度，卡纳曼和特沃斯基（Kanaman & Tversky，1979）认为消费行为不仅受基本利益驱动，还会受到个体因素的影响（如个人价值观、自我概念以及生活方式等）。同时，从情感心理角度卡纳曼和特沃斯基（Kanaman & Tversky）还认为消费行为会受到历史生活经验、情感易损性以及参照群体等方面的影响。

马斯洛需求层次理论认为人的需求从低到高可以划分为五个不同层次，当人的较低层次需求得到满足之后就会产生更高层次的需求，如表 2 - 2 所示。同样，游客选择服务也不只是满足功利性价值的需要，情感因素也会对游客的旅游决策行为产生影响。派恩和吉尔莫（Pine & Gilmore，1998）认为，经济价值的演进从早期的产品经济时代、商品经济时代到服务经济时代，现阶段已进入所谓的体验经济（experience economy）时代。游客由注重商品和服务本身开始向注重商品和服务的同时也注重消费过程中的情感体验（Pine & Gilmore，1998）。随着游客消费意识的升级，游客的需求层次不断提高，从以往注重产品品质和价格等功能性价值的同时开始更加注重消费过程中的享乐性和象征性价值等情感体验。在体验经济时代，体验经济获得了前所未有的发展，游客体验平台更多元化，内容也更丰富。特别是互联网时代，游客在实现资源共享的同时也可以充分享受个性化服务（Addis & Holbrook，2001）。

表 2 - 2　　　　　　　　　　　　马斯洛需求层次

Ⅰ. 生理动机	对食物、水、睡眠、性的需求
产品	健康食品、药品、特殊饮料、低胆固醇食品、健身器材
Ⅱ. 安全动机	寻找安全、稳定、熟悉的环境
产品	烟火报警器、预防性药物、保险、社会保障、养老投资、汽车安全带、防盗报警器、防晒霜
Ⅲ. 归属动机	爱情、友谊、会员、群体感受
产品	个人饰品、服装、娱乐休闲、食品等
Ⅳ. 尊重动机	地位、优越感、自尊、声望、成就感
产品	衣服、家具、酒类、收藏品、汽车等
Ⅴ. 自我实现的动机	全面发展、充分发挥潜能、实现所能实现的一切
产品	教育、嗜好、运动、度假、美食、博物馆

资料来源：霍金斯，马瑟斯博著，符国群译. 消费者行为学（第 11 版）［M］. 北京：机械工业出版社，2011，250.

　　把旅游活动视为产品客观特征与游客主观反应的集合，并根据产品客观特征与游客主观反应的权重结构将产品分为功能性产品、平衡性产品及享乐性产品。主观反应的比重在这三类产品的消费中依次递增，但即使功能性产品的消费也包含着享乐性成分，这就是所谓的"主观性的爆炸"（explosion of subjectivity）（Addis & Holbrook，2001）。阿尔努和普赖斯（Arnould & Price，1993）将"超凡（extraordinary）体验"概念引入消费研究领域。超凡体验重视游客感知与过程的新奇性，与"流（flow）体验"相比，超凡体验常常由不寻常的事件所引发，并以高水平的情感强度与情感体验为特征。同时超凡体验的一个重要诱因是人际互动（Eeva - Katri，2005）。

　　瓦戈和卢尚（Vargo & Lusch，2004）认为"服务不仅是一种活动和一种市场提供物，还是一种价值创造，企业不仅要注意交换中的价值（value in exchange），还要重视使用中的价值（value in use）"。核心能力理论的提出者普拉哈拉德和拉玛斯瓦米（Prahalad & Ramaswamy，2004）认为传统的价值创造理论（企业提供价值的载体——产品和服务，并和游客在市场上进行价值交换）受到了知识丰富的、互联网的、更主动的新型游客的挑战，价值正快速地从以产品为中心转向以游客体验为中心，而价值创造的主体也从企业转向游客与企业双方。相应地，企业与游客之间的互动也成为价值创造与价值提炼的核心。让游客与企业共同创造独特的体验非常重要，企业不是在销售体验，而是提供一种有助于形成体验或用于共同创造独特体验的平台，用于与游客共同创造独特的体验（Chiara et al.，2007）。弗劳和佩恩（Frow & Payne，2007）同样强调了"共同创造"在形成卓越的或者完美的游客体验中所起的重要作用，通过共同创造，游客成为价值的创造者之一。

大量研究表明，游客在服务情景中更加注重情感体验，在功能性价值的基础上对享乐性和象征性价值提出了更高的要求，游客在服务过程中感知到的交易不公平引起了歧视知觉，按照归因模糊论，由于游客对服务期望价值的提高而引起的期望不一致会导致游客不满意，而不满意引起的负面情感也会形成歧视知觉。所以，注重游客服务体验，在游客旅游过程中加强互动，和游客共创体验价值，不仅可以提高游客满意和忠诚，也可以最大化消除和降低游客歧视知觉。

由以上分析可以得出，由于群体特征引起的游客歧视知觉增加了游客对服务的认知和情感理解，再加上由于心智资源稀缺性、外部环境复杂性以及决策时间约束，游客很难进行理性的最优决策，只能在基于对服务整体感知和印象的基础上进行有限理性决策。这时候基于情感的决策往往起主导作用，而在消费过程中的正面、愉快的体验是情感决策的基础，游客自我意识的提高使游客对更加注重服务的享乐性和象征性价值，更在乎在互动过程中与服务提供者共同创造的体验价值。

2.4　游客歧视行为的理论基础

本节分别以认知情感理论、面子理论、顾客价值理论以及感知公平理论（期望不一致理论）来讨论游客歧视知觉对旅游决策及行为的影响。

2.4.1　认知情感理论

2.4.1.1　认知概述

认知（cognition）指通过心理活动（如形成概念、知觉、判断或想象）获取知识。习惯上将认知与情感相对应。具体是指人们认识活动的过程，即个体对感觉信号接收、检测、转换、简约、合成、编码、储存、提取、重建、概念形成、判断和问题解决的信息加工处理过程。认知的一个基本特性就是将人和事物进行分类，从而起到简化和概括信息的目的。

认知过程是个体认知活动的信息加工过程。认知心理学将认知过程视作一个由信息的获取、编码、储存、提取和运用等阶段的信息加工系统。信息的获取就是接收直接作用于感官的刺激信息，感觉的作用就在于获取信息。信息的编码是将信息从一种形式转换为另一种更容易储存、提取和使用的形式。个体在知觉、判断、想象、记忆、理解等认知活动中都有相对应的信息编码方式。信息的储存是信息在大脑中的保持，在记忆活动中，信息的储存有多种形式。信息的提取是根据相关的线索从记忆中查找所对应的信息并将它提取出来。信息的运用是利用所提取的信息对新的信息进行认知加工。在认知过程中，通过对信息进行编码，外部客体的特征可以转换为具体的形象、语义及命题等形式的信息，然后通过储存，保留在大脑中。这些具体形象、语义及命题实际就是外部客体的特征在个体心理上的表现形式，是客观现实在大脑中的折射。认知心理学将在大脑中反映客观事物特征的这些具体形象、语义及命题称为外部客体的心理表征，简称表征（Representation）。通常，"表征"还指将外部客体以相应的形式表现在大脑中的认知加工过程。

认知风格是个体习惯化的信息加工方式，简称认知方式。认知风格是个体在长期的认知活动中形成的、稳定的心理倾向，具体表现为对特定的信息加工方式的偏好。而个体常常意识不到自己的这种偏好。

认知策略是指导认知活动的计划、方案和技巧。由于大脑信息加工能力的有限性，不太可能在短时间进行多种运作，为了保证大量信息的加工，个体只能依照一定的策略在不同时刻选择对应的信息进行加工，并对整个认知过程的操作进行有效组织。所以，认知策略确保了认知活动的有效进行。

元认知是个体对自我认知活动的认知。元认知有三种心理组成成分：（1）元认知知识，主要包括个体对自我及他人的认知活动的过程、结果等方面的知识。（2）元认知体验，伴随认知活动而产生的认知体验和情感体验。（3）元认知监控，认知主体在认知过程中，以自我的认知活动为对象，自觉的进行监督、控制及调节。元认知监控包括认知目标的确定、认知策略的选择、认知操作的控制、认知活动的评价以及对认知目标、认知策略和认知操作的调整等环节。元认知监控是元认知最核心的组成部分。

2.4.1.2　情感概述

《心理学大辞典》对情感定义如下："情感是人对客观事物是否满足自己的需要而产生的态度体验。"情感是态度的重要组成部分，与态度中的认知、意愿具有协调一致性，是态度在心理上的复杂而稳定的心理评价和体验。情感包括价值感和道德感，具体表现为爱情、幸福、美感、仇恨、厌恶等（朱智贤，1989）。

按照价值不同的正负变化方向，情感可以分为正向情感和负向情感。正向情感是个体对正向价值的增加及负向价值的减少时产生的情感，如愉悦、感激、信任、幸运等，负向情感是个体对负向价值的增加及正向价值的减少时产生的情感，如痛苦、仇视、轻视、嫉妒等。

按照价值不同的持续时间和强度，情感可以分为激情、热情与心境。激情是指持续时间很短但强度很高的情感，它是一种短暂的、猛烈的、迅速爆发的情感，如狂喜、惊恐、绝望、愤怒等；热情是指持续时间较短但强度较高的情感，它是一种稳定而深厚、强有力的情感，如欢欣鼓舞、兴高采烈、孜孜不倦等；心境是指持续时间较长但强度较低的情感，它是一种持久但微弱、平静的情感，如柔情似海、心情郁闷、耿耿于怀等。

根据价值不同的主导变量，情感可以分为感情、情绪与欲望。当主导变量为事物的品质特性时，人对事物产生的情感就是感情；当主导变量为环境的品质特性时，人对事物产生的情感就是情绪；当主导变量为人的品质特性时，人对事物产生的情感就是欲望。

根据事物不同的基本价值类型，情感可以分为美感、真感和善感。美感是人对生理性事物（如生活、生产资料等）所产生的情感；真感是人对思维性事物（如意识、思考方式等）所产生的情感；善感是人对行为性事物（如行为、社会规范等）所产生的情感。

根据价值不同的作用时期，情感可以分为回顾情感、现实情感和期望情感。回顾情感是指人对过去事物的情感，包括后悔、留恋、怀念、沮丧等；现实情感是指人对现实事物的情感，包括高兴、兴奋、难过等；期望情感是指人对未来事物的情感，包括自信、信任、期待、无助等。

根据价值不同的层次，情感可分为温饱类、安全与健康类、人尊与自尊类和自我实现类情感。温饱类情感包括苦、辣、酸、甜、冷、热、渴、饿、痒、疼、闷等；安全与健康类情感包括安逸感、快活感、舒适感、担心感、不安感、恐惧感等；人尊与自尊类情感包括自爱感、自信感、自豪感、思念感、友善感、尊佩感、孤独感、自责感、受骗感和受辱感等；自我实现类情感包括使命感、抱负感、超越感、成就感、受挫感、失落感、沉沦感等。

2.4.1.3 情绪概述

情绪和情感都是人对客观事物的一种态度体验，只是情绪的态度体验更倾向于个体基本需求的欲望，而情感的态度体验则更倾向于社会需求的欲望。按价值不同的主导变量，当主导变量为环境的品质特性时，人对事物所产生的情感就是情绪。

情绪没有统一的定义，目前对情绪的研究和定义大致可分为两类：一类认为情绪是固有的心理模式，是个体对环境的本能适应性反应（Panksepp，2005）；另一类则认为情绪是受文化、语言、情境等外部环境刺激影响而形成的刺激性心理反应（Averill，1980）。消费者行为学定义情绪是一种相对难以控制且影响行为的强烈情感。情感和情绪在旅游决策过程中起着非常重要的作用。情绪与需要、动机和个性紧密相关，共同决定着游客行为，没有被满足的需要会产生激发某种情绪成分的动机，而且往往会激发负面的情绪；而被满足的需要则能激发正面的情绪。因此，能产生正面消费情绪的产品（服务）将增加游客的满意度和忠诚度。对于某个事物的感情或情绪反应就是态度的情感成分。游客必须应对在各种营销环境中经历的消极情绪。情绪的性质如图 2－11 所示。

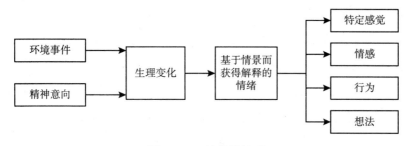

图 2－11　情绪的性质

资料来源：霍金斯，马瑟斯博著，符国群译．消费者行为学（第 11 版）［M］. 北京：机械工业出版社，2011，262．

　　所有的情绪体验都包含一些共同的元素：（1）情绪是个体受到环境中事件刺激引发的。同时诸如意象这样的内在过程也会引发人的情绪反应。（2）情绪常常伴随着以下生理变化：瞳孔放大、心率和血压增高、血糖增高、流汗增加、呼吸加促。（3）情绪常常伴随着认知性思考。思考的类型和进行理智地思考的能力会随着情绪类型和程度变化而变化。（4）情绪也常常相伴随着一些行为和反应。如惊恐引发颤抖（回避）反应，恼怒引发奋起（接近），悲痛导致哭泣等。（5）情绪常常包含主观情感。情绪往往指的是这种情感成分。喜悦、恼怒、惊恐这些主观确定的感觉正是情绪的核心。感觉的特定成分被标记为喜或悲，情绪还带有评价的成分——喜欢或厌恶。

　　总的来说，情绪主要有分类取向（categorical approach）和维度取向（dimensional approach）两大理论取向方式（乐国安，董颖红，2013）。

情绪分类取向认为情绪是人在进化过程中演化出来的对外部环境刺激的适应性反应，该理论包含情绪的各个层面，如生理机制、外部表现等，将情绪分为几种相互独立的、有限的基本情绪（Ortony，Turner，1990）。其中以艾克曼和弗里森（Ekman & Friesen，1971）的基本情绪分类理论为代表，该理论认为基本情绪包含快乐（joy）、悲伤（distress）、愤怒（anger）、恐惧（fear）、厌恶（disgust）和惊讶（surprise）6 种形式。

情绪维度取向认为情绪是高度相关的连续体，是一种难以确定的状态，对各种具体的情绪难以区分，在基本维度上各种情绪高度关联，所以要根据情绪的不同维度或核心进行解释（Waston & Clark，1997）。在奥斯古德（Osgood，1968）刺激基础因素价值、活力和力量分类的基础上，梅拉宾和罗塞尔（Mehrabian & Russell，1974）提出了情绪状态的"愉悦度—唤醒度—支配度"三维度模型（pleasure-arousal-dominance，PAD），认为"愉快、激发、支配"（PAD）三个维度基本可以解释所有的情绪，认为特定的情绪是情绪层面、情绪和情绪指标三个方面的不同组合和不同的水平反应如表 2-3 所示。愉悦度，意指积极或消极的情绪状态，如激昂、平静、爱等积极情绪和惭愧、无聊、烦躁等消极情绪；唤醒度，意指心理警觉和生理活动水平的差异，高唤醒如紧张、清醒等，低唤醒如放松、睡眠、疲倦等；支配度，意指受他人及周围环境影响或影响他人及环境的一种心理感受，如担心、恼怒、忧虑、勇敢等，高支配度具有一种强有力和主宰感，低支配度是一种胆怯和软弱感。在 PAD 模型研究的基础上，罗塞尔（Russell，1980）认为支配度相应地与认知活动相关，愉悦（效价）和唤醒（警觉）两个基本维度可以解释绝大部分的情绪。

表 2 - 3　　　霍尔布鲁克和巴特拉（Holbrook & Batra，1987）的
情绪层面、情绪和情绪指标

愉悦	责任	道德的、善良的、有责任感的
	信仰	虔诚的、崇拜的、神圣的
	骄傲	自豪的、优异的、可尊敬的
	喜爱	爱的、慈爱的、友好的
	天真	天真的、纯洁的、无可指责的
	宁静	平静的、安宁的、舒服的、镇定的
	渴望	向往的、渴望的、恳求的、希望的
	喜悦	欢乐的、高兴的、欣喜的、满意的
	能力	自信的、可控的、能干的
激发	兴趣	关注的、好奇的
	萎靡不振	厌倦的、瞌睡的、懒惰的
	激活	激起的、活泼的、兴奋的
	惊奇	惊奇的、震惊的
	似曾相识	不引人注目的、未被告知的、不激动的
	投入	参与的、见识广的、开朗的、受益的
	烦乱	心烦意乱的、盘踞心头的、粗心大意的
	轻松	嬉戏的、娱乐的、无忧无虑的
	轻蔑	嘲笑的、蔑视的、不屑一顾的
支配	冲突	紧张的、受挫的、冲突的
	内疚	心虚的、懊悔的、遗憾的
	无助	无力的、无助的、被支配的
	悲哀	悲哀的、痛苦的、悲伤的、沮丧的
	恐惧	害怕的、担心的、忧虑不安的
	耻辱	羞耻的、尴尬的、卑贱的
	愤怒	生气的、激动的、疯狂的
	过分活跃	恐慌的、混乱的、过度刺激的
	厌恶	厌恶的、憎恶的、烦恼的、强烈憎恶的
	怀疑	多疑的、可疑的、不信任的

2.4.2　认知—情感的个性系统（CAPS）理论

20 世纪 90 年代，米歇尔（Mischel，1995）对情境、个性倾向、动因和个性结构的一致性重新进行了探讨，建构了新的认知—情感的个性系统（CAPS）理论。认为人们遇到的事件会与个性系统中复杂的认知—情感单元（CAUs）发生交互作用，并最终决定人们的行为。该理论体现了心理学发展的综合、统一趋势。

2.4.2.1　认知—情感的个性系统（CAPS）理论的主要内容

CAPS 模型中的认知—情感单元包含所有的心理表征，由编码、预期和信念、情感、目标和价值、能力和自我调节的计划 5 种类型构成（Mischel，1999）。

编码：对他人、自我、情境和事件进行建构或分类的单元。编码使个体在如何表征（认知心理学将在大脑中反映客观事物特征的这些具体形象、语义或命题称为外部客体的心理表征，简称表征（representation）。通常，"表征"还指将外部客体以一定的形式表现在大脑中的信息加工过程。）他人、自己、经验及事件等方面产生较大的差异。编码策略的不同影响着个体对它们的行为反应。

预期和信念：个体对特定情景中的自我效能和行为结果的预期和信念。个性系统（CAPS）模型不仅描述了个体知道什么和如何解释事件，而且还对特定情景中的实际行为的现实表现进行了理解和预测，这一目标的实现要依赖于个体对行为决定因素的理解和关注，决定于个体在特定情景中的预期和信念。一类是行为—结果关系的预期和信念。这种预期表示了在某一特定情景中，各种行为和预期结果之间的"如果—那么"关系。另一类是有关自我效能的预期和信念，即个体相信自我能完成某个特定行为。如果自我做出了成功的预期，自我相应地会以成功的姿态采取行动，从而实现自行应验的预言（self-fulfilling-prophecies）。

情感：包含感受、情绪及情感反应（包括生理反应）的个性单元。个体所感受到的情感和情绪会非常影响对信息的加工和行为处理。个体对重要社会信息的加工（如对自我和未来认知信念）常常具备情绪性和情绪唤醒功能。所以，个体的变量一定会和情感反应发生关联。所有代表着重要结果的事情，不管是有益还是有害，都会引起个体的情绪反应。在意识之外，个体有可能瞬间和自动产生对情景特征的情感反应，同时这种情感反应会反过来影响相关的认知和行为。这些情感因素也反映了个体差异的稳定性，而个体差异可能与自我气质和生物遗传因素相关。

目标和价值：包含一致的心愿的情感状态和结果，不一致的情感状态、结果、目标、价值和人生计划等元素。目标引导着个体实现长期的计划，是行为动机和行为组织的核心概念。目标决定着价值，价值也决定着行为表现。两个个体可能会设定较为相似的预期，但如果预期的结果对个体代表着不同的个人主观价值，或者个体所设定的目标不同，那么个体相应的会表现出不同的行为。

能力和自我调节的计划：包含个体潜在的行为及能力和用于组织行为、影响个体行为及内部状态的计划和策略，是影响个体行为的内部机制单元。如认知分心、认知转换、自我指导策略及计划和元认知策略等技能。在自我调节系统的作用下，个体可以控制外部刺激，针对性地影响环境及他人（于松梅和杨丽珠，2003）。

2.4.2.2 认知—情感个性系统（CAPS）作用机制

CAPS 理论有两个基本假设：第一，个体的每一种认知情感单元（CAUs）存在个体差异；第二，认知情感单元（CAUs）相互之间具有稳定的组织关系，从而构成了个性系统的稳定结构，最终反映出个体特征的独特性。个体遗传因素、历史经验和后天学习等因素相互作用共同形成了这种稳定的个性系统结构。在 CAPS 理论模型中，个性内部系统不断地与外部情景发生动力的双向交互作用，即个性系统产生的行为影响着社会环境，影响着个体对随后面临的人际情境的选择；同时这些外部情境又会影响个性系统。当个体面对某种情境特征时，通过个性系统动力的网络结构，某些认知和情感的特征模式将被激活，而另一些认知情感单元则会受到限制，最后激活计划、策略共同作用产生行为。个性网络系统的动力结构就是由这些稳定且能被外部环境刺激所激活的各种思维、感情和行为模式所构成。在个性网络系统中，各认知情感单元间存在着许多可能的联系，单元可能是因某种外部情境特征而被激活，也可能是因系统中的其他单元而被激活，最终产生外显的行为。这一动力关系如图 2 - 12 所示。

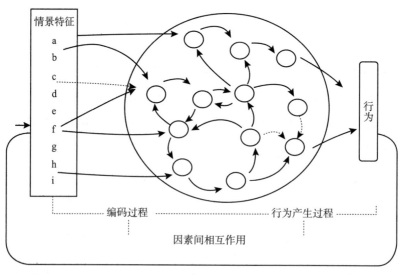

图 2 - 12　米歇尔（Mischel，1999）认知情感个性系统（CAPS）

人们遇到的事件会与个性系统中复杂的认知—情感单元（CAUs）发生交互作用，并最终决定人们的行为（Mischel，1995）。认知是个体在受到外部刺激后获得信息，然后通过系列心理活动（如形成概念、知觉、判断或想象），将人和事物进行分类，从而识别、简化和概括所获得的信息。情感是人对客观事物是否满足自己的需要而产生的态度体验。当价值的主导变量是环境的品质特性时，人对事物所产生的情感就是情绪；游客歧视是一种主观感知，是个体对自己的群体成员资格及群体地位的认知，也是一个群体对另一个群体的认知，当认知到群体差异后便会产生内外群体的判断，而后产生不公平对待，这种不公平对待使个体感知客观事物没有满足自己的需要，从而产生负面情感，而基于人际互动产生的负面情感就是情绪，同时游客感知到的歧视知觉形成的过程也是个体对外部刺激信息认知的过程，所以游客歧视知觉是游客受到外部刺激后的一系列心理过程，遵循认知和情感个性系统反应机制。

2.4.3   面子理论

2.4.3.1   面子的定义

"面子"是中国历史文化传统中最重要的文化价值观之一，广泛影响着人们的价值取向和行为意向，随着游客自我意识的提高，在游客过程中更加注重象征性的游客价值，面子成为国内游客行为研究的一个热点。面子是造成中国游客行为差异的主要原因（卢泰宏等，2005）。目前面子在营销学和管理学领域的研究主要集中在市场促销（Nelson，2005；Dhar & Hoch，1996；Green，1995）、游客行为特点（Wong，Ahuvia，1998）、游客决策模式（Bao et al.，2003）、服务失败游客补救过程中和过程后的影响（杜建刚和范秀成, 2007) 以及企业如何利用面子和关系来建立和维护组织关系网络 (Buckley et al. , 2006) 等方面。自从胡先晋 (1944) 首次提出面子的概念以来, 中外学者对面子进行了广泛深入的研究。面子的相关定义如表 2 - 4 所示。

表 2 - 4 面子定义汇总

定义	学者
面子代表一种中国社会重视的声誉	胡先晋 (1944)
面子是在特定的社会交往中, 个人向他人讨要的社会正向价值	Goffman (1956)
面子是正式化和形式化人际交往的产物, 是个人在社会体系中的位置	Stover (1962)
面子是每个人要求他人认可的公众自我形象, 是一种需情绪投入, 可以丢失、维持或增加, 并且在交往中需要被时时留意的东西	Brown (1978)
面子是个人给予他人在社会交往中所占的地位、合宜的角色表现与被人接纳的行为规范, 而从他人获得的尊重与恭敬	何友晖 (1976, 1980)
面子是在自我或自我涉入的对象所具有且为我所重视的属性上, 当事人认知到重要他人对该属性评价后, 所形成的具有社会意义或人际意义的自我心像	陈之昭 (1982)
面子是个体向他人声讨的一种尊重	成中英 (1986)
面子是个人的自我在某种关系情境中呈现出来的心像	Ting - Toomey (1988)
面子是已形成的心理及其行为在他人心目中产生的序列地位, 也就是心理地位	翟学伟 (1995)
游客中的面子指的是游客通过使用某产品来构建和展露自我形象, 从而获得他人的赞赏与评价和对游客自身社会地位或角色的认同与支持	汪涛和张琴 (2011)
游客的面子是指游客通过一系列消费活动来建构和展露的自我形象以及所获得的群体、社会的认同和赞赏	郭晓琳 (2015)
面子是个体拥有的一种社会资源, 代表个体的公共形象, 并能直接影响个体的社会呈现感知和心理地位感知	杜建刚 (2012)
面子是人们通过社交网络中的德行和位置, 在这个位置表现的合适度和接受程度, 从别人身上得到的尊重和顺从	David (1976)

　　通过以上对面子的定义可以把面子大致归为三类：第一类定义把面子视为心理建构（Spencer - Oatey，2000，2002；Brown，1978；何友晖，1994；Ting - Toomey，1988；翟学伟，2006），强调个体在公众面前的展露及自我形象，是一种由内向外的心理认知；第二类定义把面子视为一种社会建构（Stover，1962；Goffman，1955；David，1976；胡先晋，1944），强调社会赋予个人的声誉和地位，是一种由外向内的心理认知；第三类定义对面子进行综合构建（陈之昭，1982；杜建刚，2012；汪涛和张琴，2011；郭晓琳，2015），既强调自我展露的自我形象，又强调他人给予的社会声誉和地位，是内外双向的心理认知。第三类是近几年学者在前人的基础上对面子完整而丰富的定义。也是目前面子研究中通用的定义。汪涛（2011）和郭晓琳（2015）对消费情景中的面子进行了专门的定义，即面子一方面是在情境中的自我感觉（个体特征：能力、地位、外表、心理）；另一方面是在情境中的他人感觉（社会特征：地位、角色的认同和支持）。

2.4.3.2　面子的特性

　　依据面子的构建，面子具有以下五个重要属性（杜建刚和范秀成，2007）：（1）互动性。面子是在人际交往和社会互动中产生，心理构建需要社会情景做平台而得以表露，社会构建需要社会情境给予评价和认可，如果缺乏互动，那么面子将无法产生，表现的只是个体自我的心理活动。（2）社会属性。面子是在社会互动中产生的，是基于个体不同社会角色下的形象感知（Goffman，1955，1956），是社会给予的评价和认可。（3）自我属性。面子是在社会情境中对自我形象（心像）的表露和折射。（4）面子弹性。在个体与社会情景互动中，面子资源可以通过交换而增加或减少（Brown，1978；陈之昭，1982，1989）。（5）面子情绪弹性。面子增加或减少都会引起个体的情绪心理反应，比如面子增加会引起兴奋、高兴、得意、惊奇等愉悦和激发情绪，而面子减少会引起生气、窘迫、羞愧、自责、沮丧等支配情绪。

很多学者对面子和情绪的关系进行了研究和验证，戈夫曼（Goffman，1956）把丢面子的感觉形容为羞愧和难堪；陈之昭（1982）认为失面子使人在内心产生难堪、困窘、尴尬和羞耻等不快的感觉；朱瑞玲（1989）把失面子后的情绪反应分为六类，分别为生气、窘迫、羞愧、自责、沮丧和坏心情；杜建刚和范秀成（2012）实证了服务失败后面子丢失与负面情绪的强烈关联（r = 0.664，P < 0.001），也证实了面子丢失是一种认知过程，当面子受到威胁时，负面的情绪反应迅速伴随而来。

2.4.3.3 面子的作用机制

在社会情景互动过程中面子作用机制与面子认知和面子交换两个系统密切相关（陈之昭，1982）。面子认知系统构造了面子的心理建构（杜建刚和范秀成，2007），由面子的资源计量和判断比较系统组成。资源计量系统中，个体通过对情境进行选择性知觉（DeBruin & Van Lange，2000），对各种刺激作出评价（McHugh，1968），并将结果输入计量系统进一步进行计算得出某面子事件的净面子量（陈之昭，1982）。在判断比较系统中，个体在得出净面子量后，通过对情境要素进行整合，确定其判断标准，并依照此标准，最终形成对面子的自我感知（李东进等，2009；陈之昭，1982；Forgus，1966）。其中，净面子量只是就某刺激本身所得面子大小而言（陈之昭，1982）。面子交换系统构造了面子的社会建构（杜建刚和范秀成，2007），它源于社会交换理论，该理论认为，一切社会活动都是在追求能够满足个人生活（物质与精神）所需的各种资源。从精神层面来讲，它也包含一些无形的物品，例如像尊

敬、爱、荣誉、地位、信息、服务等较抽象、无形的社会资源
（Homans，1961）。在认知系统的基础上，通过与社会情景中的外
部资源进行交换，获得能够反映个体社会地位和声誉的无形资源。
同时也给予对方类似的无形资源，比如社会生活中比较流行的"为
人处世，要相互给面子"的文化。最终形成对面子的社会感知
（汪涛和张琴，2011）。在于社会情景互动过程中面子通过内部的
认知和交换系统产生了净面子量（心理和社会），如果净面子量
为正则容易产生正面的情感和情绪，如果净面子量为负则容易产
生负面消极的情绪，最终通过争面子和或保面子产生具体的意向
和行为。

辛格（Singh，1990）认为游客在服务环境中受到多维刺激应
并因此激发出多种类型的内在反应，包括认知和情绪交织在一起的
感受最终导致了相应的行为；万（Wan，2013）认为在不会造成尴
尬局面的服务失败场合，集体主义者会比个体主义者抱怨得少；而
在一项会造成尴尬的服务失败中，集体主义者更倾向于进行抱怨，
同时还会传播负面信息。陈之昭（2006）构建的面子基本体系认
为，在服务失败下，游客感到丢面子后会产生认知、情绪和行为三
种结果，通过个体认知过程产生得面子、失面子感觉，个体丢面子
后会带来难堪、气愤等负面情绪，最后产生保面子或争面子的外显
行为（见图 2 - 13）。杜建刚和范秀成（2012）也探讨了服务失败
情境下面子丢失对游客抱怨倾向。证实了面子机制在服务失败下是
真实存在的，游客的面子损失会影响失败后情绪，进而影响其抱怨
倾向。

2.4.3.4　面子与自尊的关系

塔法洛蒂和斯旺（Tafarodi & Swann，1995）认为自尊是个体内在
与外在环境互动过程中，经由评估个人的能力与内化社会文化价值观而

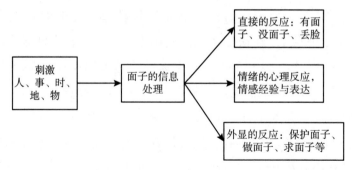

图 2 - 13　陈之昭（2006）的面子基本体系

成。"面子"对于中国人的重要性就像是"自尊"对于西方人一样，两者涉及的心理过程是类似的，但是面子却又比自尊负载了更多社会学上的价值（王轶楠，2006）。

面子和自尊都可以被看作是个体在社会互动过程中所获得有关自我的两类价值的评价与体验，两者涉及的心理过程都是"积极的自我评价和体验"，自尊按社会价值可分为"自我能力感"和"自我喜爱感"，而面子按社会价值可以分为能力和共享面子（Paulhus & John，1998），虽然面子常常给人的印象好像更倾向于迎合外部的好感，而自尊则更关注维持内部的好评，但事实上，两者同时包括对别人的评价（或反馈）的参考和自我的评价（和认知）以及情绪体验。面子总是一个他人评价的函数，然而自尊则更多的是一个以自我评价为核心的建构（周美玲，1997）。

综合以上分析可知，面子与自尊既有联系又有区别，面子与自尊的联系体现在心理过程上相似：（1）与面子有关的词语可以等价地转化为描述自尊的语句。（2）人们经常采用的维持面子和保持自尊的两种自我呈现策略十分相似。（3）面子和自尊的心理过程都表现为"自我展露和评价"。面子与自尊的区别，构建内容和意义上不同：自尊与个体自我相关，只具备自我属性，显示自我能力和情感；而面子除了自我还与他人相关，必须为维护三方面的面子而努力：自己的、互动对方的以及所参考团体的（何友晖，1976）。同时具备自我属性和社会属性。还显示社会关系和利他的社会价值。

综合以上对面子理论的归纳和分析，在消费情景中个体在受到外部刺激后会通过面子的认知和交换系统产生面子得失以及相应的情绪和行为反应。个体在感知到歧视知觉后也会产生一定的负面情绪和心理压力从而导致一些应对策略及行为。歧视知觉是个体或者所在群体被其他群体成员拒绝和排斥，无论公然歧视、服务绩效歧视和微妙歧视都会通过面子的认知和交换系统产生面子损失，及负面情绪，为了保面子和争面子而采取一定的应对策略等外显行为，比如抱怨和口碑。同时国内外对歧视知觉和自尊的关系研究显示，歧视知觉和自尊负相关（Postmes & Branscombe，2002；Sellers & Shelton，2003；蔺秀云等，2009；刘霞和申继亮，2010），而自尊和面子具有很大的相似性（王轶楠，2006）。所以，说在中国特定消费情境中，游客歧视知觉会导致面子意识产生作用，从而产生一定的情绪和行为。

2.4.4　顾客价值理论

2.4.4.1　顾客价值定义

顾客价值被认为是提高顾客忠诚度、保持企业持久竞争优势的重要源泉。学术界对顾客价值的定义如表 2 - 5 所示。学者们以"体验性"和"经济性"为研究视角对顾客价值做了大量研究。其中"经济性"的研究主要以利得和利失的差值作为评价标准衡量顾客价值，"体验性"的研究则主要关注顾客购物过程中的情感体验。

表 2 – 5　　　　　　　　　　顾客价值定义汇总

定义	学者
感知价值顾客在产品中感知的质量或利益，与相对于通过支付价格而感知的付出间的一种权衡	Monroe（1991）
感知价值是顾客感知到的对产品属性、属性偏好以及由使用而产生的可能对顾客的目标或目的的实现起阻碍或促进作用的结果的偏好和评价	Woodruff（1997）
顾客价值是顾客公司付费换取的产品，从而获得的经济的、技术的服务及社会利益的货币价值或货币折算价值	Anderson 等（1993）
感知价值是顾客与产品之间的一种情感联结或纽带，产品为顾客提供附加价值	Butz 和 Howard（1996）
顾客价值是顾客想从产品和服务中获取的全部东西，包括低价和好的质量	Zeithmal（1988）
价值过程是关系营销的起点和终点，关系营销应该为顾客和其他各方创造出比单纯交易营销更大的价值。关系范畴中的顾客感知价值可以表述为下面两个公式： 顾客感知价值（CPV）=（核心产品＋附加服务）/（价格＋关系成本） 顾客感知价值（CVP）= 核心价值 ± 附加价值	Gronroos（2000）
顾客为了得到商品愿意付出的价格，这种支付的意愿为商品提供给顾客并被感知的收益	Christopher（1982）
总顾客价值减去总顾客成本之差	菲利普·科特勒（2001）

国内学者也定义了顾客价值，武永红和范秀成（2003）认为顾客价值是指顾客从购物行为中所获取的利益、为获取利益所付出的成本以及对利得和利失权衡之后的总体评价。张明立（2005）则认为顾客价值是在特定情境中，顾客相对于竞争对手或自己的期望对产品属性、产品功效以及帮助顾客实现目标的使用结果与相应付出的全部代价之间的感知、权衡和评价。

2.4.4.2 顾客价值的内涵与特征

通过分析以上学者对顾客价值的研究，综合来讲，顾客感知价值有以下几个主要的特征（张明立等，2005）：（1）主观性和个体性。顾客价值是顾客主观感知的，顾客的个体特征（个人价值观、个人需要、个人偏好、经验、教育和财务资源等）的差异会形成感知价值的不同。（2）情景性。顾客价值是基于特定情景的，在不同的情境下，顾客的个人偏好和对价值的评价会有显著的差异。顾客价值与产品的特定使用情境具有高度的相关性（Woodruff，1997；Ravald & Gronroos，1996）。（3）层次性。图 2 - 14 的顾客价值层次模型（Woodruff，1997）不仅描述了顾客期望价值，也很好地描述了顾客实际得到的价值，既突出了顾客价值的本质特征，又描述了顾客价值的变化过程，并强调价值来源于顾客通过学习得到的感知、偏好、评价以及消费情景对价值感知的影响。顾客满意则是连接二者的媒介，在整个相互影响的过程中，顾客是通过顾客满意这个媒介来感知价值的。（4）动态性。主观性决定了价值的动态变化，消费历史经验、产品（服务）技术要求、消费情景的变化等因素影响价值的动态发展。

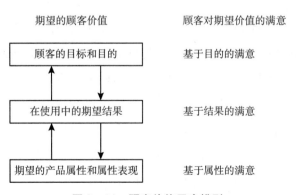

图 2 - 14 顾客价值层次模型

　　对于顾客价值的动态性，表现在五个要素。第一，时间要素，顾客在不同的消费阶段对价值的感知和关注因素是变化的，创造卓越价值需要供应商能够理解顾客的整个价值链，还要理解这一价值链随时间的发展变化（Slater & Narver，1994），同一产品对不同顾客的感知价值不同，同一个顾客在不同的时间所感知的价值也是不一样的（Vantrappen，1992），顾客从短期顾客到长期顾客的转变过程中，他们的价值判断标准可能会变得越来越全面、抽象（Parasuraman，1997），这些研究结论都说明，顾客价值的特征和决定因素随着时间在不断发生变化；第二，需求要素，按照马斯洛需求层次，在不断满足顾客不同层次需求的过程中，顾客对满足其需求的价值要求是变化的，哈弗里（Havery，2000）依据顾客满足需求程度将顾客价值区分为绩效性激励性和保健性三类，这三类要素之间是可以相互转化的；第三，触发事件要素，它是特定环境中的一个与顾客目标相关的刺激因素，它不仅会影响到价值形式的变化，同时也会引起期望价值和价值判断的变化，弗林特等（Flint et al.，1997）针对产业营销中的"供应商—顾客"互动问题，罗列了能改变顾客价值的一些触发事件，描述了顾客的动态特征，提出了分析这些事件引发顾客价值变化的机理，如图 2 – 15 所示；第四，互动因素，顾客在产品或服务的消费中参与产品（服务）生产的程度会影响到价值感知的变化，事实上，顾客在他们的消费经历中扮演着一个积极主动的角色，进而成为价值的协作者，即企业企图传递给顾客的价值是在与顾客的互动中形成的，不是由企业单方生产的，在这个意义上，顾客介入价值创造的程度越大，他们的主观意识起的作用就越大，他们体验消费的路径差异也越大，因而价值感知的波动也就越大。这种互动对价值的影响可能在服务业较为普遍；第五，顾客价值的相对性，价值是与相对竞争对手比较而形成的，顾客价值不是仅局限于顾客自身的感知，而是把对企业提供的价值感知去比较竞争对手的相关价值提供物，从而做出价值判断（Holbrook，1996）。

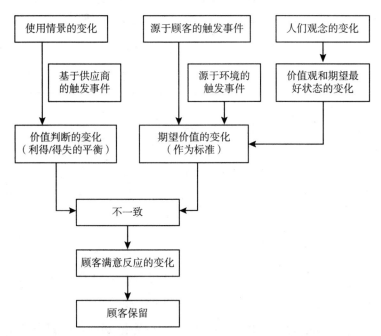

图 2 – 15　弗林特等（Flint et al.，1997）顾客价值变化的机理

2.4.4.3　顾客价值的分类

按照顾客选择行为的价值可将顾客价值区分为功能性价值、社会性价值、情感性价值、知识性价值和条件性价值（Sheth et al.，1999）。按照顾客价值的三个维度：即外生与内在的价值、自我导向的与他人导向的价值以及主动地与反应的价值，可以把顾客价值分为 8 种类型（Holbrook.，1996），如表 2 – 6 所示。依据顾客价值评估行为及相关联的过程，把顾客价值细分为产品价值、在使用中的价值、拥有价值和总的价值（Burns，1993）。考虑到顾客价值评价的时间差异以及对价值感知的关注因素的不同，伍德拉夫（Woodruff，1997）从两个维度将顾客价值分为四类，即基于属性的期望价值、基于属性的评价价值、基于结果的期望价值以及基于结果的评价价值。哈弗里（Havery，2000）依据顾客满足需求程度将顾客价值区分为绩效性、激励性和保健性三类。

表 2 - 6 顾客价值的类型

		外生	内生
以自我为导向	主动的	效率（1/0，方便）	娱乐（愉快）
	反应的	优秀（质量）	审美（美丽）
以其他为导向	主动的	地位（成功、形象管理）	伦理（美德、正义、道德）
	反应的	尊重（声音、物质、财产）	精神（信仰、欣喜、神圣、幻想）

综合以上分析，本书对顾客价值定义如下：顾客在特定消费情景过程中产生的一种综合的主观感知利益，在自我权衡后对产品（服务）和企业关系的全面评价。顾客的决策行为和消费后的评价取决于顾客消费过程中的感知价值，即顾客感知的消费过程中获取的利益与付出成本的对比。只有当顾客感知利得大于利失时，消费行为才会发生或者产生满意和忠诚。顾客歧视知觉是在特定消费情景中的一种主观感知，歧视知觉会耗费认知资源（Murphy et al.，2012）同时产生感性上的利失，即面子或者相应的正面情绪以及情感利益减少，而负面情绪和心理健康以及认知成本增加，叶（Ye，2012）也证实了感知价值对顾客歧视知觉与消费行为意向之间的调节作用。所以，歧视知觉造成了顾客感性利失，即愉悦、刺激、尊重等情感价值流失，与期望价值发生差异后产生不满意。显然，感知价值理论适合解释顾客歧视知觉对消费行为的影响。同时依据顾客价值变化机理图，造成顾客价值变化的因素（供应商、顾客、情景变化、观念变化）和顾客歧视知觉的决定因素（服务员、顾客、

情景、文化）是十分吻合和一致的。即歧视知觉造成顾客价值的变化，或者说顾客价值变化也影响了对歧视知觉的感知。

2.4.5　感知公平理论（期望不一致理论）

感知公平理论来源于社会交换理论。社会交换理论认为，人类的一切行为都受到能够带来报酬或奖励的交换活动的支配，即人类的一切社会活动都可以视为一种交换。基于社会交换理论，亚当斯（Adams，1965）提出了感知公平理论，即在社会关系中，人们总是会将自己在社会交换中的付出所得与他人进行比较，作出公平与否的判断后产生一种公平感知。

感知公平包含三个维度：结果（分配）公平、过程（程序）公平和交互（交易）公平。（1）结果公平指游客对交换结果的公平感知，当预期的服务或产品与实际有差距时，就会产生不公平的感知，它涉及对资源的分配结果和对一次交换的结果所作出的公平感知评价。（2）过程公平指游客对交换过程和流程的公平感知。过程公平强调人们不仅关心交换结果的公平性，而且还非常关心交换过程和流程的公平性。对一次交换的过程进行评价时，游客一般会遵循以下原则：一次交换中相关规定或措施的一致性；交换过程中不存在偏见；规定、措施等在执行的过程中出现错误，能够及时灵活的更正；交换过程要兼顾各方利益；规定等符合社会公认的道德规范。（3）交互公平指交换过程中人们对人际关系的无形部分及互动水平的感知。交互公平的感知涉及很多方面，塔克斯等（Tax et al.，1998）指出游客会从企业对服务的解释和关注程度、诚实礼貌的态度以及提供服务的努力表现等方面来评价其交互公平感知。比和夏皮罗（Bies & ShaPiro，1987）指出交互公平可用来解释为什么游客在对过程和结果都感觉公平时，仍然认为受到了不公平的对待。

于佩尔等（Huppertz et al.，1978）将感知公平理论运用于市场营销领域的交换活动中，研究发现顾客倾向于将自身的投入（比如时间、精力、经济利益等）与从消费过程中的所得（比如感知价值、满足程度等）进行比较，同时也会与消费过程中的其顾客做比较。如果感知到不平衡，心理就会产生不公平感，从而产生不满意；公平感知的程度越高，顾客的满意度就越高。克莱默（Clemmer，1988）提出服务感知公平理论，指出社会活动中的感知公平理论同样适用于旅游服务企业与游客之间的交往。

在奥立弗和斯旺（Oliver & Swan，1989）构建了公平感知在顾客满意模型中的影响之后。学者们实证了旅游、餐饮等服务业中感知公平对顾客满意有显著影响（Schoefer & Ennew，2004；Smith et al.，1999），也论证了感知公平理论对网络购物用户满意的显著影响（Maxham & Nctemeyer，2003）。

奥立弗（Oliver，1980）提出了期望不一致理论（绩效差异理论），认为游客在购买产品（服务）前对产品（服务）效用有一个预期，在使用产品（服务）后会将其实际的效用感知同预期进行比较，当效用感知正好达到了预期水平时会产生"完全一致"的心理状态；超过了预期水平会产生"正向不一致"的心理状态；低于预期水平时产生"负向不一致"的心理状态。这种由预期水平同实际感知相互作用而产生的一致/不一致心理状态会直接影响游客对产品（服务）的满意度。负向不一致会导致游客不满意，正向不一致则会导致游客超出满意的惊喜，完全一致则游客会基本满意。期望不一致模型是目前顾客满意模型研究中应用最为广泛的理论。期望不一致理论能较好地解释一般购买情景中游客满意的形成过程，众多学者基于期望不一致理论对游客满意度的研究发现，不一致对游客满意有显著负向影响（Tse & Wilton，1988；Boshoff，1999；Oliver & Desarbo，1988；Oliver & Swan，1989）。

阿提拉和菲松（Atilal & Fisun，2001）指出期望不一致理论在解释游客满意上存在理论和方法上的一些局限，如果能够结合其他理论（例如公平理论，感知价值理论：Flint（1997）的顾客价值变化机制理论说明了由于游客感知价值变化导致期望不一致，从而对满意产生反应。）会更全面地解释游客满意。学者们的研究也表明期望不一致和公平感知对游客满意度有更显著的影响（Oliver & De-sarbo，1988；Oliver & Swan，1989）。

参照弗林特（Flint，1997）的顾客价值变化机制理论，在消费过程中，某些触发事件形成了游客歧视知觉，造成游客感知价值期望不一致，从而产生游客不满意。在对游客歧视知觉应对策略的研究中，沃尔什（Walsh，2009）指出分配公平、程序公平和交易公平和游客歧视情景有关，特别是游客在交易过程中感知到的礼貌、尊敬和尊重的交易公平。游客对结果感觉不公平时的反向思维形成了期望不一致。叶（Ye，2012）在对游客歧视知觉的决定因素的情景因素的研究中也指出在消费过程中对比其他游客而感知到的过程和结果不公平形成了游客歧视知觉。所以说公平感知理论、期望不一致理论对游客歧视知觉的归因和应对策略起着很大的解释作用。如果说社会认同理论构成了歧视知觉的意识形态，那么感知公平理论和期望不一致理论就构成了歧视知觉的过程和结果形态。

2.5　社会交换资源理论

社会交换理论系社会学和社会心理学领域中一个重要的理论流派，该理论以经济交易作类比将人类的社会互动视为一种包括有形和无形资源的交换过程，在对人类社会互动的动因、机制、模式、本质、社会互动与宏观社会组织之间的关系的诠释方面，具有独到的见解并做出了突破性的贡献。资源说系社会交换理论中的一个微型理论，是关于交换内容的学说。

在社会交换理论发展的早期阶段，研究者们似乎仅把注意集中于对交换者和交换行为模式的研究方面，而对交换内容及其意义和作用却未作过多的重视。在弗雷泽（Fraser，1989）的交换理论中，交换物即是女人，具体地说是姐妹或女儿；在马林洛（Malinow，1983）的交换理论中，交换物仅局限于臂章和项圈。当然，其创造性地区分了物质或经济的交换与非物质或符号的交换类型，使得人们对交换内容的认识大为拓展。在霍曼斯（Homans，1958）的交换理论中，有关交换内容的研究才有所突破，认为有必要把交换物作物质的和非物质的区分，并且他更加重视非物质交换物在交换中所起的重要作用。霍曼斯（Homans，1958）认为，尊重、社会赞许、服务、友爱、服从、威望和情感等非物质因素均可以成为交换内容。社会赞许在社会交换中的作用，类似于经济交换中充当一般等价物的货币，但是在他的交换理论中，各种形式的交换物均是以报酬和代价的概念形式出现的。尽管其对交换资源的分析已达到较为深入的程度，但他尚未把交换资源作为一种理论或研究目标来看待，也并未试图要建立一种有关交换资源的学说。布劳（Blau，1964）提出可作为交换回报的六类交换物：个人魅力、社会接受、社会认可、有效服务、尊敬或声誉、服从或权力。显然，这种分类是比较混乱的，因为其中的某些概念相互包容，且这六类交换物并未能够涵盖所有的交换内容，但这似乎也可算作有关交换资源的一种模糊的理论。

把交换内容当作一种资源来看待是 20 世纪 70 年代以后的事情。福阿等（Foa et al.，1975）两位社会心理学家首创交换资源说，首次明确地将交换内容称作一种资源，把交换资源作为一种理论目标予以研究。交换资源说作为社会交换的辅助性理论，大大拓展了社会交换的研究领域。使之更加完善和丰富，使我们对社会交换本质的认识更进一步加深。福阿等（Foa et al.，1975）将交换资源界定为：可以通过人际行为传递的任何物质的或符号的东西。这一界定内容十分广泛，显然涵盖了参与人际交往或与人际交往有关的一切内容。后来他们对交换资源的类别划分进行了深入的研究，将交换资源分为六大类：爱、地位、服务、信息、货物和金钱。爱是爱慕、温情或惬意的交流；地位是尊重、敬仰或名望的表现；服务涉及与身体、财产等提供帮助有关的活动；货物指有形的产品、物件或材料；信息表现为劝告、意见或教导；金钱则被定义为由社会赋予标准价值单位的硬币、纸币或象征品。

这六类交换资源可以在两个维度上加以归纳排列：特殊性和具体性。特殊性是规定某一个体与谁交换资源及到何种程度的维度，指因资源提供者的特殊地位而决定资源所具有的价值的程度。爱是最具有特殊性的资源，其价值在很大程度上是由爱上了谁以及被谁爱上了所决定的，有权势有地位的人表达的爱慕之意要比普通百姓同样的表示价值高得多。地位和服务的特殊性低于爱，但高于其他资源。信息和货物的特殊性又相对地高于金钱，金钱最少特殊性，它的价值不因付款人是谁而发生变化，只要不是伪钞就行。因此，金钱是最具有普遍性的资源。具体性维度指资源在交换中所采取的具体或抽象形式，起到一种符号的作用。从具体到抽象是一个连续体的两端，服务与货物被认为落于最具体的一端，是具体性最强的资源，它们在交换中显而易见。爱和金钱的具体性是中度的，它们在交换中既可以表现为具体的形式，也可以表现为符号的形式。地位和信息被认为落在这一连续体最抽象的一端，或者说它们的具体性最弱，在多数情况下它们的交换是通过符号形式进行的。

情感能否作为交换资源参与交换的问题是有争议的。麦克林托克等（McClintock et al.，1982）指出，情感不仅是作为人际交换的一种副产品，也是作为一种可交换的资源。情感是一种满意或不满意心态的表露，可以直接作为交换资源参与交换。这类似于福阿等（Foa et al.，1975）资源分类中的爱，但是其显然是把爱的内涵主要局限于男女性爱之范围，至多也不过扩展至父母子女朋友之爱，而麦克林托克等人（McClintock et al.，1982）的情感资源则泛指所有情感的表现，这显然是对福阿等（Foa et al.，1975）资源说的补充。麦克林托克等人（McClintock et al.，1982）认为，情感在交换中还具有下述两点作用：（1）所体验到的满意程度，能够驱动交换继续或中断交换关系。（2）指向对方的且被对方所感知到的满意或不满意的情感线索，能够对对方的行为发生某种作用，鼓励、劝说或阻止对方改变其行为以产生更多的酬赏性结果。实际上，情感作为一种交换资源，其作用是在将来产生某种有价值的结果。各种类型的有益事件包括金钱、货物、微笑或简单的"社会注意"，其价值几乎表现在同一种意义上，即它们之所以是有益行为，是因为能够产生有价值的结果。

交换资源理论同样涉及对交换行为动机的解释。交换动机是与个体所拥有的资源量相联系的。个体的资源量具有某种上限和下限标准，上限度是指个体对拥有某一资源感到饱和的限度。一旦资源量超出上限度，便会激发个体将该资源与其他资源进行交换的动机。下限度则是反映个体对某一资源感到不足而需要的限度。一旦资源量低于下限度，便会激发个体去获取该资源的动机。各类资源从上限到下限的最佳跨度各不相同。爱的最佳跨度最小（限于男女性爱），服务和地位的最佳跨度大于爱，但小于货物和信息，金钱的最佳跨度最大，其上限接近无限。当某人的资源高出最佳度，他便有可能进入交换，以换取其他资源，因为他拥有剩余的资源，且拥有潜在的权势。但是，潜在的权势若要转变为真实的权势，其前提是他人需要这一资源。资源说对交换动机的解释有一定的合理之处，但是显然不能够仅用这一理论解释交换动机，它只能作为对心理需要与经济需要说的补充。

　　交换资源理论中就关于指导资源交换的原则，尚包含有两项基本命题：（1）每一交换行为中均包含有一项或多项资源的给予和获取；（2）相同和类似资源的交换比不同或不太相似的资源交换更有可能发生。前一命题是有关资源交换的最一般陈述。后一命题似乎显得比较重要，尤其是对预测资源交换的发生。这一命题假设的基础是：人们通常把交换资源按照相似程度进行分类，爱与地位和服务相类似，而与货物和信息不太相似，与金钱最不相似。命题假设：相同或相似的资源交换更容易发生，这种倾向尤其表现在特殊性的资源方面，例如爱、地位和服务，在普遍性的资源（如货物和金钱）交换中不甚突出。信息虽然具有普遍性，但却往往是同类交换。

2.6　社会认同理论

2.6.1　定义

　　社会认同理论是由特纳和泰弗尔（Turner & Tajfel，1986）提出的，它对群体行为作出了新的解释，并成为群体关系研究中最有影响的理论。社会认同理论产生于对群体间行为解释，它认为个体对群体的认同是群体行为的基础。社会认同理论认为个体通过社会分类，对自己的群体产生认同，并产生内群体偏好和外群体偏见。个体通过实现或维持积极的社会认同（social identity）来提高自尊，积极的自尊来源于在内群体与相关的外群体的有利比较。当社会认同受到威胁时个体会采用各种策略来提高自尊。个体过分热衷于自己的群体，认为自己的群体比其他群体好，并在寻求积极的社会认同和自尊中体会团体间差异，就容易引起群体间偏见和群体间冲突。

特纳和泰弗尔（Turner & Tajfel，1986）区分了个体认同与社会认同认为个体认同是指对个人的认同作用，或通常说明个体具体特点的自我描述，是个人特有的自我参照；而社会认同是指社会的认同作用，或是由一个社会类别全体成员得出的自我描述。泰弗尔（Tajfel，1979）将社会认同定义为："个体认识到他（或她）属于特定的社会群体，同时也认识到作为群体成员带给他的情感和价值意义。"

社会认同最初源于群体成员身份。人们总是争取积极的社会认同。而这种积极的社会认同是通过在内群体和相关的外群体的比较中获得的。如果没有获得满意的社会认同，个体就会离开他们的群体或想办法实现积极区分。人们会使用各种策略进行区分，特纳和泰弗尔（Turner & Tajfel，1986）认为有三组变量会影响群体间区分：

（1）人们必须主观上认同他们的内群体；

（2）情景允许评价性群体间比较；

（3）外群体必须是可以充分比较的。

泰弗尔（Tajfel，1979）认为对社会认同的追求是群体间冲突和歧视的根源所在，即对属于某群体的意识会强烈地影响着我们的知觉、态度和行为。

2.6.2 社会认同理论过程

认为社会认同是由社会分类（social-categorization）、社会比较

（social comparison）和积极区分原则（positive distinctiveness）建立的。

（1）社会分类。泰弗尔（Tajfel，1979）的一个实验表明，当要求被试者从不断变化的标为 A 的四根短线和标为 B 的四根长线中判断长度时，他们倾向于夸大 A 和 B 之间的差异。这种现象称为"加重效应"（accentuation effect）。加重效应同样表现在对社会刺激的知觉上。西科德（Secord，1959）在一系列研究中，给被试者呈现一系列人的面部照片，其中包括纯种的高加索人一直到纯种的黑人，要求他们评价相貌上的黑和心理上的黑。结果被试者将图片分为黑白两组，并趋向于夸大一组内的相似性和两组间的差异。这种基本的加重效应在许多其他的研究中也得到充分的证实。

特纳（Turner，1985）进一步提出了自我归类理论（self-categorization theory），对泰弗尔（Tajfel，1979）的社会认同理论进行了补充，他认为人们会自动地将事物分门别类；因此在将他人分类时会自动地区分内群体和外群体。当人们进行分类时会将自我也纳入这一类别中，将符合内群体的特征将会赋予自我，这就是一个自我定型的过程。个体通过分类，往往将有利的资源分配给我方群体成员。

（2）社会比较。社会比较使社会分类过程的意义更明显，这样使积极区分的原则起作用，而积极区分满足了个体获得积极自尊的需要。群体间比较通过积极区分原则使个体寻求积极的自我评价的需要得到满足。在进行群体间比较时，我们倾向于在特定的维度上夸大群体间的差异，而对群体内成员给予更积极的评价。这样就产生了不对称的群体评价和行为，偏向于自己所属的群体，即从认知、情感和行为上认同所属的群体。

（3）积极区分。社会认同理论的一个重要假设为所有行为不论是人际的还是群际的，都是由自我激励这一基本需要所激发的。在社会认同水平上的自我尊重是以群体成员关系为中介的，社会认同理论认为，个体为了满足自尊的需要而突出某方面的特长。因此，在群体中个体自我激励的动机会使个体在群体比较的相关维度上表现得比其他成员更出色，这就是积极区分原则。社会认同理论认为，个体过分热衷自己的群体，认为它比其他群体好，并且从寻求积极的社会认同和自尊中体会群体间的差异，这样就容易引起群体间偏见、群体间冲突和敌意。

2.6.3　自尊假设

人们通过积极区分来获得评价性的积极的社会认同，而积极区分是为了满足个体获得积极自尊的需要。这就暗示自尊的需要激发了个体的社会认同和群体行为；也就是说社会认同是满足自尊的需要。霍格和艾布拉姆斯（Hogg & Abrams，1988）进一步说明了自尊假设的两个推论；推论1：成功地进行群体间区分可以提高社会认同，从而提高自尊。作为群体成员，个体将内群体越积极地与外群体区分就会获得越高的自尊。推论2：由于获取积极自尊的需要，低自尊或自尊受到威胁都会激发群体间歧视行为。然而推论2的证据并不充分，更多的证据支持了推论1，对于推论2更多地发现了相反的结果，例如：休斯敦等人（Houston et al.，2003）的研究发现高自尊的或群体中高地位的人表现出更多的群体间歧视行为。

2.6.4　社会结构

社会认同理论的第二个部分明确地对群体间地位关系进行了研究，特别是群体中低地位群体成员的自我激励策略。在现实生活中他们会通过群体关系来维持和提高社会认同，采用的策略有三种：

社会流动（socialmobility）、社会竞争（social competition）和社会创造（social creativity）。对策略的选择依赖于他们对自己群体与其他群体的关系的知觉。群体关系的三个变量包括：群体边界的可渗透性（permeability）、群体地位合理（legitimacy）和这些差异的稳定性（stability）。而在群体关系的不同情况下个体会存在两种信仰体系：社会流动信仰体系（social mobility belief structure）与社会变革信仰体系（social change belief structure）。

（1）社会流动信仰体系。当人们相信群体的边界具有通透性，一个人可以在各群体之间流动时，就会产生社会流动的信仰体系。地位低的群体的成员如果具有这种信仰体系，他就会努力争取加入另一个地位较高的群体，从而获得更满意的社会认同，例如考取功名。这种策略被称为个体流动。一般而言，地位高的群体会极力提倡这一信仰体系，因为它并不试图改变群体之间地位的现状，而且可以降低弱势群体的凝聚力，避免其成员集体性的对抗行为。但是，地位高的群体也会对个体流动的数量进行一定的限制以免他们对自己构成威胁，例如美国对移民数量的控制。

（2）社会变革信仰体系。而当人们认为群体之间的边界是固定的和不可通透的，社会流动低，一个人不能从一个地位低的群体进入地位高的群体时就会产生社会变革的信仰体系。这时弱势群体成员就会加强对自己群体的认同，要求社会对弱势群体的消极方面的评价进行重新评定，甚至以集体行动来推翻社会对弱势群体不合理的政治和社会制度。这方面的策略分别为两种：社会创造和社会竞争。社会创造，是当群体间关系的现状被看作是合理的、稳定的，弱势群体的成员所采用策略。这种策略包括选择其他的比较维度、重新评估现在的比较维度的价值，以及改变与之比较的群体即与地位相同或地位更低的其他群体进行再比较。对于前两种方法，优势群体只有在一定程度上可以忍受，在许多时候它会极力维护原有维度的价值。如果群体关系的现状被看作是不合理或不稳定的，那么弱势群体的成员就会采用社会竞争的策略。这时，群体成员可以在导致其消极区分性的维度上与优势群体进行直接的对抗，如游行示威、政治游说甚至革命和战争。而优势群体也会采用政治或军事的手段对弱势群体进行压制，以维护其优越地位。因此，这一策略最可能引发激烈的群体间冲突。

2.7　本　章　小　结

本章阐述和界定了本书所涉及的几个重要概念及其内涵，回顾了歧视、顾客歧视、歧视行为准则以及行为理论基础的相关文献。在梳理和归纳现有相关文献的基础上，找出了现有研究的不足和空白点，进而提出了本书的研究主题和研究内容。

第 3 章

游客歧视知觉的影响模型构建

3.1　游客歧视知觉和消费者行为学的联系

3.1.1　游客歧视知觉

3.1.1.1　游客歧视知觉定义

歧视知觉主要是相对于客观歧视而言的主观体验，指游客在旅游过程中知觉到的由于自己所属的群体成员资格（group member-ship）而受到的不公正的消极性或者伤害性对待，这种不公正的对待可以表现为实际的行为动作，也可以表现为拒绝性的态度或者某些不合理的社会制度等（Major et al. ，2002；Hill，2001；Pascoe & Richman，2009；Tom，2006）。

3.1.1.2　游客歧视知觉特征

通过游客歧视知觉的定义可以归纳出以下几个重要特征：

（1）这种知觉是游客的一种主观感知。（2）在一定的旅游消费情景中发生，主要特指旅游服务领域。（3）主要是由于内群体和外群体之间群体成员资格差异引起的。（4）这种知觉产生于正式歧视（例如社会制度、法律法规）和非正式歧视（社会风气、价值观和信念）。同时按照归因模糊论（Crocker & Major，1998），游客歧视知觉也是游客对自己无法控制的旅游消费情景一种无能力和自我保护。

3.1.1.3　游客歧视知觉的理论背景

按照游客歧视知觉的定义和内涵，歧视知觉应该是游客行为的一种特殊情景。虽然游客歧视知觉归因受到社会认同理论（群体特征）和社会公平理论（交易公平）的影响，但歧视知觉引起的情绪反应和应对策略一样遵从消费者行为学理论，特别是游客歧视归因中，文化因素是决定性因素，而影响游客行为的外部因素中，文化因素也是极其重要的因素，所以，结合消费者行为学对感知到歧视知觉的游客行为进行研究，不但可以深入透彻地了解游客歧视知觉的归因和应对策略，同时更能对游客从知觉到决策行为的整个脉络有个清晰全面的认识，之前的研究由于局限于社会学（或者以种族歧视为基点），在社会认同理论、相对剥夺理论、现实冲突理论和社会公平理论的影响下仅对歧视知觉的归因和应对策略进行了研究，对于市场营销学领域歧视的研究相对比较少，所以，结合消费者行为学和营销管理学相关理论对游客歧视知觉进行研究就极其必要。

3.1.2　游客歧视知觉研究进程

在社会学和心理学对歧视研究的基础上，众多学者对市场领域的顾客歧视知觉进行了研究和分析。

3.1.2.1 基于社会学和心理学的研究

克罗克特等（Crockett et al.，2003）最早提出歧视知觉定义，并在种族歧视的基础上展开相关研究，对歧视知觉的归因是基于归因模糊论、个体和群体歧视不一致论和歧视归因不对称论等社会学理论，歧视知觉应对反应的三种形式，问题取向、情绪取向和社会支持，也都属于心理—社会学范畴（Pearlin，1989；Folkman & Lazarus，1988），基本上是基于社会学和心理学进行的顾客歧视知觉研究（Crockett et al.，2003）。金等（King et al.，2006）也基于社会学和心理学对肥胖顾客受到的商业歧视进行了研究，另外，布伦博和罗莎（Brumbaugh & Rosa，2009）也基于社会学和心理学归纳出服务人员对他人进行歧视的原因主要是因为存在两个心理优势：经济优势和社会优势。

3.1.2.2 基于社会学和市场营销学的研究

沃尔什（Walsh，2009）对游客歧视决定因素的研究中，除了社会认同理论、公平理论和现实冲突理论外，在内外动机理论引入了服务营销文献中的两个基本类型的影响因素，即员工和公司变量（Groth et al.，2006）；调查与员工和公司行为相关的两个重要动机类型，内在动机包括了员工人口特征分析，外在动机的顾客至上导向是游客满意的主要决定因素（Parasuraman et al.，1988）等市场营销学的理论，在应对策略的研究中也导入了市场营销的公平理论，以及信任、满意、口碑和忠诚等消费者行为学理论；叶（Ye，2012）在前人研究的基础上强调了文化因素差异对游客歧视知觉的决定性作用（Reisinger & Turner，2003；Sharma et al.，2009；Wei et al.，1989；Reisinger & Turner，2002），消费情景因素对顾客歧视知觉的作用（Baker et al.，2008）以及感知价值对消费行为意向的调节作用。在应对策略中更是强调了口碑和再惠顾等与顾客行为密切相关的因素（Walsh & McGuire，2007）。在社会认同中也强调了自我概念的重要性。

3.1.2.3 基于市场营销学和消费者行为学的研究

克林纳和沃尔什（Klinner & Walsh，2013）对歧视知觉的研究更是基于把游客作为最重要的利益相关者的角度，在游客歧视的分类中引入了服务绩效歧视来专门研究服务水平歧视的显著效应，基于游客歧视的市场细分建议和游客歧视引起的货币变量（销售额、钱包份额和游客终身价值），以及在不同的互动强度和服务情景中的研究方向，并确定游客歧视量表去检测旅游服务公司的绩效。在对顾客使用零售业发放的优惠券的研究中，布伦博和罗莎（Brumbaugh & Rosa，2009）发现服务人员的歧视会引起顾客的负面情感，并最终影响优惠券使用意愿。

从以上顾客（游客）歧视知觉的研究脉络来看，已经在社会学和心理学的基础上开始以市场营销学，特别是消费者行为学的相关理论来具体研究顾客（游客）歧视知觉的成因、应对策略等特别是歧视知觉引起的顾客（游客）行为的变化。也指出未来更贴合营销学和消费者行为学的研究方向。基于以上分析，以消费者行为学为基础来研究游客歧视知觉是很有必要的。

3.1.3 消费者行为学相关理论

从图3-1的消费者行为模型上可以看出，消费行为的内部因素包括心理和生理方面（知觉、学习、记忆、动机、个性、情绪和态度）；外部因素主要指社会、人文和人口统计方面（文化、亚文化、人口环境、社会地位、参照群体、家庭和营销活动);顾客自我概念与生活方式导致与之一致的需要和欲望的产生,这些需要和欲望大部分要求以消费来获得满足。一旦消费面临相应的情境,消费决策过程将被启动。这一过程以及随之而来的产品获取与消费体验会对顾客的内部特征和外部环境产生影响,从而最终引起其自我形象与生活方式的调整或变化。

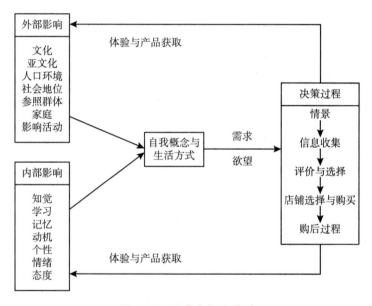

图 3-1 消费者行为模型

资料来源:霍金斯,马瑟斯博著,符国群译.消费者行为学(第 11 版)[M].北京:机械工业出版社,2011.6.

在消费者行为外部因素中,文化也许是最有影响的行为影响因素,文化差异形成自我概念和生活方式的差异。内部影响始于知觉,即个体接触刺激物并对其赋予某种含义的过程。信息处理是刺激物被知觉、转化成信息并被存储的一系列活动。由展露、注意、理解和记忆构成,而展露、注意和理解构成了知觉过程,知觉的选择性表明个体不是感官信息的被动接受者，顾客在很大程度上决定对将要碰到、注意到的信息的理解。理解包括认知理解和情感理解，认知理解是将刺激物置于既存的意义类别的过程；情感理解是由某个刺激物引发的正面、中立和负面的情感反应。知觉、学习和记忆共同构成了信息整理的过程。在认知和情感理解的基础上产生行为的动因和理由的动机，如图 3-2 所示。

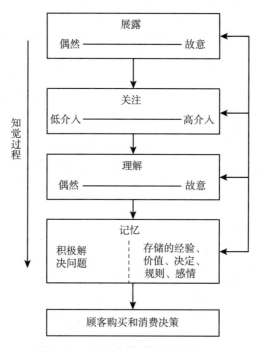

图 3-2　顾客决策过程的信息处理

资料来源：霍金斯，马瑟斯博著，符国群译．消费者行为学（第11版）[M].北京：机械工业出版社，2011.

　　理解顾客动机有两个重要理论：马斯洛（Maslow）的需求层次理论，从总体上解释人类行为；另一个是麦圭尔（McGuire）的心理学动机理论，用一套细致的动机去解释顾客行为的具体方面。马斯洛需求层次表格；麦圭尔的认知和情感动机，认知性动机集中于个体对适应环境与取得理解和意义的需要；情感性动机涉及达到满意的感觉状态以及个人目标的需要。认知性保持动机：追求一致性的需要（主动的、内在的），人的一个基本欲望便是希望自己与其他人在各个方面保持一致，包括态度、行为、观点、自我形象、对他人的看法等。认知失调就是这样一种普遍性动机。情感性保持动机：缓解紧张的需要（主动的、内在的）人们在日常生活中会遇到各种引发压力和不适的情境。为了有效缓解紧张和压力，人们试图寻找减小这些反应的方式。调节焦点理论认为，顾客会依据那种动机更为突出而作出不同的反应。当促进型动机更为突出时，顾客会设法获取积极的结果，以更抽象的方式进行思考，主要基于感情和情绪进行决策，并在进行决策时，相比准确性而言，更偏好速度。当预防型动机更为突出时，顾客会设法避免消极的结果，以更具体的方式进行思考，主要基于大量真实的信息进行决策，并在决策时，相对于速度而言，更偏好准确性。促进型动机为主的个人倾向于具有独立自我概念，而预防型动机为主的个人倾向于更为依存的自我概念，如表 3 - 1 所示。

表 3 - 1　　　　　　　　　　　调节焦点理论的差异

类型	促进型动机	预防型动机
动机	希望、愿望和渴望 调节培养需要 成长和发展	责任、义务 调节安全需要 现状
特征 • 时间 • 心理现象 • 理想的稳定状态 • 理想的感受 • 失败情绪 • 理想的自我特征 • 自我概念	长期导向 抽象 变化 有趣和愉快 沮丧 创造性 独立	短期导向 具体 稳定 安全和保障 焦虑 自我控制 相互依存

续表

类型	促进型动机	预防型动机
决策制定 ● 风格 ● 主要目标 ● 广告影响因素 ● 折中品牌的选择 ● 在品牌延伸中"匹配"的重要性	最大化收获的激进风格 速度而非准确性 情感和情绪 可能性较低 不很重要	最小化损失的保守风格 准确性而非速度 产品事实 可能性较高，折中品牌的极端性较低，因此风险降低很重要，因为"匹配"降低风险

资料来源：霍金斯，马瑟斯博著，符国群译. 消费者行为学（第11版）[M]. 北京：机械工业出版社，2011.6.

　　动机引发顾客行为，而个性会使不同的顾客选择不同的行为去实现目标。个性是个体在面临相似情况时作出特殊反应的倾向。

　　情绪是一种相对难以控制且影响行为的强烈情感。情绪与需要、动机和个性紧密相关，没有被满足的需要会产生激发某种情绪成分的动机。没有被满足的需要往往会激发负面的情绪，而被满足的需要则能激发正面的情绪。因此，能产生正面消费情绪的产品（服务）或品牌将增加顾客的满意度和忠诚度。应对（coping）是指在面对诱发压力的情境时，设法减轻压力并产生更积极情绪的顾客思想和行为。回避是一个普遍的方法。差的产品或服务的压力事件会引起消极情绪，其应对策略可分为三大类型。（1）积极应对。寻求解决问题的方法，设法避免轻率行为，充分利用情境。（2）表达寻求支援。发泄情绪，从其他人那里寻求情感和针对性问题的帮助。（3）回避。回避零售商或者陷入完全自我否定的情况中。每一种策略都有积极和消极的影响。积极应对可能需要与公司一起努力来解决问题或避免陷入其中。类似的，顾客可能向公司投诉（表达寻求支援），这是理想的情况；或向朋友发泄（消极口碑），这是有害处的。最后，否定（回避）可能会导致顾客保留意见，但实际上回避零售商，这会导致销售额的下降。

　　态度是我们对所处环境的某些方面的动机、情感、知觉和认知过程的持久的体系，是对一种给定事物喜欢或不喜欢的反应倾向。态度是对产品和服务的想法、感觉或行为倾向。态度的组成成分及其表现如图3-3所示；认知成分：由顾客关于某一客体的信念所构成。情感成分：对于某个事物的感情或情绪反应就是态度的情感成分。

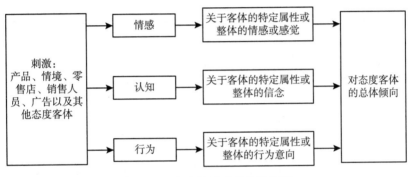

图3-3　态度的组成成分及表现

资料来源：霍金斯，马瑟斯博著，符国群译.消费者行为学（第11版）[M].北京：机械工业出版社，2011.6.

　　生活方式是一个人自我概念的外在表现。自我概念是指个人将其自身作为客观对象所具有的所有思想和情感的总和，是个人的自我感知或情感指向。也就是说，自我概念是由对自己的态度所构成的。无论在何种文化中，自我概念都很重要，研究发现，将自我概念分为两种类型——依存型和独立型。独立型自我概念是基于占统治地位的西方文化观念：强调的是个人目标、个性、成就和愿望。具有独立自我概念的个体倾向于个人主义、自我中心、自主、自我依靠和包容。依存型自我概念更多的基于亚洲文化，基于这种文化的人、怀有人们相互联系、相互依存的信念。依存型自我概念强调家庭、文化、职业和社会关系。具有依存型自我概念的个体倾向于服从、以社会为中心、注重整体和协同并以关系为导向。研究发现，个体或文化是倾向于独立的自我还是依存的自我，对顾客的信息偏好、奢侈品消费和产品类型的喜好均有重要的影响。

认知和情感过程在决策的每一阶段都非常重要。顾客理性决策往往难以实现，顾客决策分为感性决策、基于态度的决策和基于属性的决策。感性决策在本质上更强调整体，一般集中在使用时所引起的消费感受上。是一种基于情感的选择，实际上采用的是"我感觉它怎么样"的决策标准。取决于顾客对这些情景的预期和实际感觉。另外动机类型是调节的焦点。当一个顾客调节的焦点是促进型而非预防型时，则更可能进行感性选择。同理当一个顾客调节的焦点是预防型而非促进型时，则更可能进行属性选择。市场研究者对情感型决策研究才刚刚起步，这类决策与前面已经阐述的具有更多认知成分的决策存在很大的不同，营销者应该设计那些能带来正面体验的产品和服务，应帮助顾客想象在消费中和消费后的愉快感觉。大多数顾客决策，从顾客方面看很少涉及深思熟虑的思考，如同逻辑分析和产品物理特性一样，情感和情绪在顾客决策过程中无疑起着非常重要的作用。顾客需要与欲望可能激发一种或多种水平的顾客决策过程。顾客可能只花相当有限的精力从事决策活动，此时情绪和感觉对购买决定的影响可能与产品特征和事实一样重要。顾客的选择可分为4个一般性的目标——决策准确性最大化、决策所需的认知努力的最小化、决策时负面体验的最小化和决策正当性理由简单化。在顾客决策时这些目标的重要性会发生变化。

客户关系管理的目标是提高客户满意度和忠诚度。顾客购后行为如图3-4所示。功效包括两个层面：工具性（与产品的物理功能相关）和象征性（同审美或形象强化相关），不满意是由工具性功效令人失望造成的，而完全满意同时需要象征性功效达到或高于期望水平。除了象征性和工具性功效，产品还有情感性功效。情感性功效是拥有或使用产品的情绪反应。

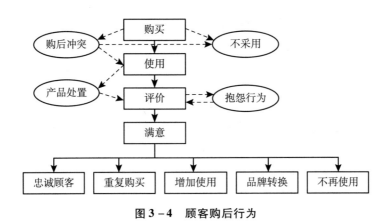

图3-4　顾客购后行为

资料来源：霍金斯，马瑟斯博著，符国群译. 消费者行为学（第11版）［M］. 北京：机械工业出版社，2011.6.

　　顾客不满意时的反应如图3-5所示。对不满状况采取行动的客户通常运用以下五种做法中的一种或者几种。对于企业来说最好的做法就是客户向企业抱怨，因为这至少给公司一个解决问题的机会。但是，绝大多数的时候，客户不会向公司抱怨，而是直接采取行动，如更换品牌和进行负面的口碑传播等。口碑传播是影响顾客行为的重要因素。比起其他信息来源，顾客更加信任口碑传播，从而在决策时更加依赖口碑传播。对于公司而言，不利的是当涉及口碑传播时，人们更愿意发泄自己的不满。有人估计，不满意带来的口碑传播是满意的两倍，即顾客对欠佳产品/服务的宣传两倍于他们对满意产品/服务的宣传。导致口碑传播不平衡的原因之一是不满意带来的情绪会促使顾客进行口碑传播，这些情绪可以是失望，也可以是沮丧。负面情绪越强烈，顾客越有动力在某些方面损害公司的利益。特别是信息时代，在线社交媒体和互联网继续改变着人与人之间的沟通和口碑传播。客户满意度是导致客户忠诚的一个很重要的因素，由于客户日益精明，价值意识日益强烈，很多品牌都可以满足客户的需要，创造满意客户是必要的，企业应以创造忠诚客户或品牌忠诚型客户为目标。

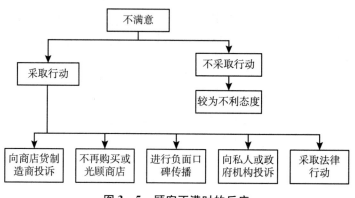

图 3 - 5　顾客不满时的反应

资料来源：霍金斯，马瑟斯博著，符国群译. 消费者行为学（第 11 版）［M］. 北京：机械工业出版社，2011.6.

　　通过以上对游客歧视知觉和消费者行为学的研究分析。游客歧视知觉是游客行为的一种特殊情景。自我概念和生活方式差异正是社会认同的内群体和外群体的重要区分标准，文化因素也是游客歧视知觉形成的主要决定因素。游客遭受歧视后会产生认知和情感上的心理及生理反应。歧视产生的原因和决定游客行为的内外因素（文化、知觉、动机、个性、情绪）重合，心理反应（期望不一致、情绪和满意）也是一致的，应对策略（行为意图）（抱怨、投诉、转换供应商、口碑）也是一致的。但之前对游客歧视知觉缺乏具体的心理反应机制（期望不一致、情绪和满意之间的作用关系）以及具体的决策（减低忠诚）等研究。

3.2 游客歧视知觉—心理反应— 行为反应模型构建

结合消费者行为学的相关理论，对顾客行为模式进行内外因素的具体分析，内部因素的知觉、学习、记忆、理解、动机、个性、情绪和态度都涉及认知和情感机制，知觉、学习、记忆和理解是信息整理的过程，游客消费行为始于知觉，而理解就包含认知和情感理解，调节焦点理论认为，预防型动机是基于认知因素的，而促进型动机是基于情感因素的，个性中的独立型游客消费决策时倾向于情感决策，而依存型游客消费决策时倾向于认知决策。情绪和情感在游客决策的每一个阶段都起着重要的作用，态度决定着行为，认知和情感的共同作用决定了游客的行为意向。也构成了游客的态度，同时按照米契尔的认知情感理论，个体遇到的事件都会与一个复杂的认知——情感系统发生交互作用，并最终决定我们的行为（Mischel，1995）。另外对游客满意增加了情绪反应的研究是西方顾客行为研究中非常活跃的领域（Chebat & Michon，2003；Dube et al.，2003），对情绪的研究有助于进一步解释游客满意的形成机理（Westbrook，1987），有学者提出游客消费过程不仅是一个认知过程，还是一个情绪体验过程（Oliver，1993；Chadhuri，1997）。游客情绪是决定旅游企业与游客关系的一个重要因素（Edwardson，1998）。对情绪研究补充了传统式只针对认知方面的研究。目前对游客歧视知觉只研究了歧视知觉的决定因素和应对策略，而对歧视知觉后具体的心理反应没有做出相应的研究，这样对游客歧视知觉后的消费行为及决策的研究就缺乏重要的依据。基于以上分析，结合消费者行为学理论，游客受到外部某种刺激产生歧视知觉后会产

生具体的心理反应，面对感知到的伤害对自我认知和情感进行重新
定位，以形成与市场歧视持久性的情感区隔，寻求保护自我免除有
害的心理后果（Crockett et al.，2003），相应地从认知和情感两条
途径去影响游客行为和决策。面子意识是中国游客特有的消费文
化，面子意识包含心理构建和社会构建（杜建成、范秀成，2007），
心理构建是一种自我特征的对外展露，社会构建是通过人际互动产
生的社会地位和声誉。面子意识本身就是一种认知机制，通过面子
交换系统产生面子的增、减以及相应的情绪反应（汪涛和张琴，
2011），并最终决定消费行为和决策。随着游客自我意识的提高，
情感决策起的作用越来越大，游客的感知价值中享乐性价值和象征
性价值与情感因素相关，而功利性价值与认知因素相关。功利性价
值缺失会造成游客不满意，但只有同时具有享乐性和象征性价值才
能形成游客满意，满意和忠诚是企业追求的终极目标，负面口碑对
企业的潜在破坏是最大的，再惠顾更是游客忠诚的具体表现。综合
以上分析，依照游客歧视知觉理论和消费者行为学理论，从认知和
情感双重视角构建歧视知觉对消费决策及行为影响的模型，即在一
定的消费情景中，游客感知到歧视后产生歧视知觉，然后通过认知
和情感机制反应后产生行为反应。在认知机制行为中个体差异的自
我构建水平作调节变量；在情感机制中服务人员的共情水平作调节
变量。具体模型如图 3 - 6 所示。

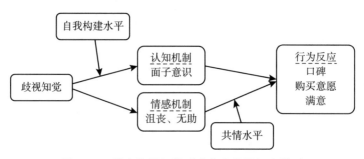

图 3 - 6　游客歧视知觉对消费决策及行为模型

3.3　认知和情感机制

由于游客歧视知觉在国内研究较少，国外在市场营销学领域的研究文献相对也比较少（Ye，2012），且基本都是定性的文献分析法。随着游客消费意识提高以及相应法律法规的健全，服务公司也在通过提高服务质量来加强客户关系管理，从而提高客户满意和忠诚。服务人员也不敢公然实施歧视行为，因为害怕公司的处罚，比如解雇等（Walsh，2009），以上因素促使歧视行为从公然到微妙（Duckitt，1992），很多时候只有当事者才能感知，其他人难以察觉和识别。高互动情境下由于服务内容比较多，服务人员和游客接触时间比较长，相对歧视行为发生和感知都比较容易且明显，这样就更有利于对游客歧视知觉的研究，之前的研究都是基于深度访谈和案例的定性研究，本书的研究是定量的实证研究，分为认知机制和情感机制来具体分析和研究歧视知觉的心理反应。认知和情感反应共同构成消费行为态度，米契尔的认知情感理论认为，认知和情感既相互联系又相互独立（Mischel，1995），期望不一致对满意影响也是基于认知机制的研究（Oliver，1980），后来才增加了情绪对满意的影响研究（Westbrook，1987；Oliver，1993）。众多学者按照认知和情绪的独立作用模型在不同服务情景中对满意进行了研究，汽车行业（Westbrook，1987）、牙科诊所（Krampe & Damico，2003）、零售业（Burns & Neisner，2006）、运动赛事（Caro & Garcia，2006）等。同时鉴于国内外对歧视知觉的心理反应没有展开相应的具体研究，对认知和情感分别单独研究更利于探究心理反应具体的过程和作用机理。

3.3.1 认知机制

对于认知机制，结合中国消费文化的特点，随着自我消费意识的提高，面子意识在消费中起到的作用越来越大，而面子本身就是一种交换系统和认知系统，通过面子的认知，个体展现自我和确立自己的社会地位和声望，而歧视知觉会通过游客认知使游客感到没有面子，进而会通过面子交换系统产生面子损失，以及相应的消费行为和决策。同时国内外很多文献已经研究证实了歧视知觉和自尊的负相关关系（Kobrynowicz & Branscombe，1997；Postmes & Branscombe，2002；Sellers & Shelton，2003；Smith & Ortiz，2001；Walker & Mann，1987；蔺秀云等，2009；刘霞和申继亮，2010；邓小晴和师保国，2013；郝振和崔丽娟，2014）。歧视知觉伴随着自尊的反应，面子在中国消费情境下等同于自尊，面子和自尊同时可以被看作是在社会互动过程中所获得有关自我的两类价值的评价与体验（王轶楠，2006），面子比自尊多了更具有象征价值的社会构建，在中国消费场景下面子比自尊有更多的含义和内涵，也更具有中国消费特色和特征，也更具有研究的价值，面子意识是研究中国消费市场和顾客消费行为的基本理论，同时在现有的面子意识研究中，只研究了具体物质消费的面子意识，而缺乏对无形服务场景面子的研究（郭晓琳，2015）。结合米契尔的认知情感理论，本书的认知机制选择面子意识，既符合歧视知觉后的认知心理反应机制，又对无形服务场景中面子意识进行了研究，弥补该方面的研究空白。

3.3.2 情感机制

对于情感机制来讲，在顾客行为理论研究中，消费过程中享乐性和象征性感知价值比例在不断增加，功利性价值与认知机制相关，享乐性和象征性与情感机制相关，在顾客行为中情感决策的作用也越来越大。之前的很多研究已经证实游客歧视知觉后产生系列的负面情感（Crockeet，2003；Walsh，2009；Ye，2012；Klinner & Walsh，2013），其中比较典型的就是沮丧和无助（Klinner & Walsh，2013）。但很少涉及游客满意和忠诚（Walsh，2009），克林纳和沃尔什（Klinner & Walsh，2013）也只研究了三种游客歧视知觉后的情感反应，但对具体的游客行为和决策没有研究。游客歧视知觉后产生负面的情绪（由于价值主导变量是情境的品质特性，所以产生的情感就是情绪），研究表明游客情绪对服务满意有直接影响，且负面情绪对满意的影响比正面情绪大（Liljander & Strandvik，1995；耿黎辉，2008），他人引发的负面情绪（Oliver，1997）也会导致不满意（Dube & Menon，2000）。

需要特别指出的是，由于游客歧视知觉在国外研究的比较少，而在国内研究几乎空白，将认知机制和情感机制分开研究是为了更清晰地探究歧视知觉的具体心理反应过程，但是在认知机制行为中，也伴随着情感反应，比如面子意识后也会产生相应的情绪反应（Goffman，1956；陈之昭，1982；朱瑞玲，1989；Chester & Michael，2008；Harris & Bond，2008；Chun et al.，2010），然后产生一些行为反应和消费决策。同理，情感机制也伴随着认知反应的产生（Izard，1997；Bigne et al.，2008；Wirtz & Bateson，1999），情绪与认知是带有因果性质和相互伴随而产生的。情绪可以发动、干涉、组织或破坏认知过程和行为；认知对事物的评价可以发动、转移或改变情绪反应和体验（孟昭兰，2005）。所以认知机制和情感机制是相辅相成的，相互影响的，认知反应会影响情感反应，情感反应也会影响认知反应。两者是个体对外部情景的一种综合反应机制行为，米契尔认为人们遇到的事件会与个性系统中复杂的认知—情感单元（CAUs）发生交互作用，并最终决定人们的行为。所以分开研究只是为了更清晰的分析认知和情感反应的机制和原理。但实际上每个情景中认知和情感机制都在发生作用。

3.4 矿业旅游市场

本书所有的研究选择矿业旅游服务，原因如下：（1）高互动服务情景。由于接触时间比较长，互动程度比较高，容易发生歧视行为，且频率和外显性比较高，而旅游市场属于高互动服务场景。（2）旅游时由于个体是临时组成的一个团体，接触比较多，游玩、用餐、住宿等，个体在文化和社会规范上差异比较大，短期内很难相互适应，在互动过程中容易发生歧视行为。（3）按照调节焦点理论，休闲旅游促进型动机更为突出，主要基于感情和情绪进行决策，相对来讲情感机制作用更大一些。（4）之前的游客歧视知觉研究都是基于旅游服务员对游客的视角，游客对游客的研究几乎空白，而众多学者都指出了相应的研究展望（Crockett et al.，2003；Woodliffe，2004；Walsh，2009；Ye et al.，2012；Klinner & Walsh，2013）。为了对游客歧视进行更全面的研究，在服务员对游客歧视的基础上增加了游客对游客歧视行为的研究。（5）研究矿业旅游市场符合我国生态文明建设和绿色经济发展的要求。

近年来，随着我国经济社会的发展和人们生活水平的提高，旅游业发展十分迅猛，而集自然遗迹和科普教育为一体的地矿旅游更是方兴未艾，呈现出跨越式发展的良好势头。

然而，由于多种原因的制约，我国在矿业旅游市场依然是大而不强，还有许多功课要做。如何建设好、保护好和利用好地质公园，打造世界地学旅游强国？这自然成了 2016 年中国国际矿业大会"地质公园与地学旅游发展"专题论坛关注的焦点。

地质公园建设夯实矿业旅游的基础。截至 2016 年年初，我国除了 33 处世界级地质公园外，还有 284 处国家级地质公园和众多省级地质公园。这些地质公园在保护地质遗产、普及地球科学知识、促进地方经济发展等方面取得了举世瞩目的成绩。而正在申报的以及通过中国地质调查局开展地质遗迹调查逐渐被发现且准备建设和申报的各级地质公园还有一大批。可以说，随着我国地质公园建设和申报工作的持续发力，我国矿业旅游市场必将迎来一个发展的黄金期。

矿业旅游市场，是旅游业中最主要的专项旅游之一，是一种以自然、地质、地貌、地理、科普与人文地理景观等为载体，承载地球科学、自然科学、历史文化、地理信息等内涵，以观光游览、研学旅行、科普教育、科学考察、寻奇探险、养生健体为主要形式的益智、益身等旅游活动。通过"游中学、学中游"的矿业旅游活动，可以逐渐提高国民基本出行休闲的科学旅游素质。

而作为旅游业不可或缺的重要组成部分，这几年来矿业旅游市场的地位愈加凸显。有关数据显示，截至 2014 年年底，我国已有 7359 家各类 A 级旅游景区，其中以地矿自然景观资源为主的 A 级旅游景区 2184 家，接待游客 9.98 亿人次，占所有 A 级景区游客总量的 31%；年收入 1132 亿元，占所有 A 级景区总收入的 36%。这其中，我国所拥有的 33 家世界地质公园，以及众多的国家地质公园自然功不可没。

可以说，我国通过这些年来的地质公园建设，极大促进和拉动了矿业旅游工作。目前，我国矿业旅游发展政策环境以及政府主导旅游发展格局已初步形成，地学旅游产业体系建设取得了明显进展，竞争力进一步提升，行业管理方式不断创新，管理体制进一步完善。

当前我国旅游行政管理部门的公共服务与社会管理职能逐渐加强，区域旅游、跨区域旅游成为新趋势。特别随着国内消费结构升级和城市化进程加快，以及高速交通等配套支撑体系的不断完善，地矿旅游市场需求保持旺盛，在建设社会主义新农村、旅游扶贫、构建和谐社会、推动文化传播和繁荣以及提升国家形象、发挥民间外交功能等诸多方面发挥了积极而重要的作用。以"互联网＋"为代表的科技进步以及现代商业模式的创新突破，使得信息技术更加广泛地运用到地学旅游业发展的各个方面，推动了旅游业转型升级。而对外开放和出境旅游的发展也为地矿业旅游国际化提供了有利的市场环境。

毋庸讳言，从人们的生活质量、生活幸福角度来看，旅游将成为国民幸福指数的重要指标和惠及全民的幸福导向型的支柱产业。而发展矿业旅游市场则有利于提升国民科学素养和生态文明建设，有利于推动旅游产品转型升级，有利于促进国内外交流与合作。

"从国务院促进旅游业改革发展的政策措施以及全民科学素质行动纲要来看，其前提是保护生态环境，保护地质景观资源，坚持以人为本、服务民生、安全第一、绿色消费、健康、文明、环保的旅游休闲理念，最终实现'国家富强、民族振兴、人民幸福'的伟大中国梦。"

3.5　本章小结

本章在顾客歧视相关文献的研究基础上，界定了游客歧视知觉的概念和内涵。在概念和内涵界定的基础上，采用内容分析法，结合消费者行为学、认知情感理论，面子理论和期望不一致、情绪与满意理论，勾画出游客歧视知觉通过认知和情感机制的心理反应来影响游客的旅游消费决策及行为。进而构建出游客歧视知觉和消费决策及行为的关系模型。

第 4 章

游客歧视知觉量表开发

4.1　游客歧视知觉量表研究背景

商业和管理文献大量事实表明一些消费群体遭遇歧视（Walsh，2009），一些社会科学研究证实了歧视存在于不同的服务情景。例如汽车行、房屋交易、金融服务、狂商场等，这些研究不仅揭示了歧视的普遍存在，而且还显示了在一个社会中弱势或者污名化群体的成员在社会领域和商业生活遭遇不公平约束的程度（Feagin & Sikes，1994；Oliver & Shapiro，1995；Williams et al.，2001）。克林纳和沃尔什（Klinner & Walsh，2013）研究显示现有的歧视研究文献存在三个问题：（1）目前的歧视知识来源于多种渠道。有客户的投诉，反歧视倡议书，或者法庭的审理，大部分研究是定性且以案例为基础，限制了研究结论的普适应。例如沃尔什（Walsh，2009）研究框架和见解就不能适用于不同的服务场景。（2）沃尔什（Walsh，2009）认为识别和管理游客歧视需要一个可靠地测量量表。同时测量量表也能帮助一个旅游服务公司去检测游客对旅游服务人员、旅游景点和旅游服务公司的感知。（3）没有定量的研究把游客歧视知觉进行因果关系分析。对旅游景点和旅游服务公司来讲，对游客的歧视涉及法律和商业道德，以及产生消极的货币和非货币后果（Walsh，2009）。

4.2　游客歧视知觉量表开发

4.2.1　量表开发

之前关于歧视知觉的研究都是基于深度访谈和关键事件的定性研究，并且都是对歧视知觉的归因和应对策略的理论性研究，克罗基特等（Crockett et al.，2003）是基于种族歧视的归因和应对策略研究，沃尔什（Walsh，2009）是基于服务提供者角度（员工和公司）的歧视归因和应对策略研究，而叶等（Ye et al.，2012）是基于香港地区旅游背景的归因和应对策略研究，以上研究都注重的是归因和应对策略，且研究理论基础和群体都有一定特殊性，需要在不同的服务场景和国度里进行检验（Walsh，2009）。克林纳和沃尔什（Klinner & Walsh，2013）在对顾客歧视知觉文献进行系统整理的前提下，在小组谈论、深度访谈，专家指导的基础上通过两组研究整理出歧视知觉测量量表并进行定量的实证检验，根据歧视知觉的外显性和感知程度不同，把顾客歧视知觉（PCD）分为公然歧视、服务歧视和微妙歧视，如表4－1所示。

通过克林纳和沃尔什（Klinner & Walsh，2013）研究结论可以看出，公然歧视和负面情感（沮丧和无助）正相关的假设不成立，这说明：（1）由于群体关系变化和法律制度以及服务公司加强内部服务管理，公然歧视明显降低。（2）公然歧视更能激发个体群

表4-1　　克林纳和沃尔什（Klinner & Walsh，2013）歧视知觉量

因子	指标	指标内容
公然歧视	OD1	经常被服务员语言（口头）辱骂
	OD2	有时候被服务员侮辱
	OD3	服务员的有些评论经常使我感到羞辱
	OD4	服务员的有些行为经常使我感到羞辱
	OD5	服务员经常攻击（冒犯）我
服务绩效歧视	DLS1	服务员经常不在意我的需求或者问题
	DLS2	服务员经常自视高人一等（以恩赐的态度）
	DLS3	服务员经常很少给我建议，迅速转向下一个顾客
	DLS4	服务员经常对我很冷淡（不友好）
	DLS5	经常被服务员跟踪（监视、盯着看）
	DLS6	服务员经常让我久等
微妙歧视	SD1	服务员对我的语气经常表现出一种优越感（居高临下）
	SD2	服务员经常给我一种不敬的眼神
	SD3	服务员经常给我一种傲慢的眼神
	SD4	服务员对我的语气经常表现出一种高人一等

体认同，从而缓解歧视负面结果。（3）公然歧视由于比较明显和容易识别，就迅速为游客提供了一个反映的机会，比如直接面对服务员。（4）公然歧视更能引起个体自我保护（归因模糊论），只是为自己的无能找到一个借口，所以只是感觉到歧视，但实际没有相应的负面情感发生。或者说感知到的公然歧视只是个体自我保护的错觉。而微妙歧视和服务水平歧视由于难以识别和证实，直接对抗的方法无法实施，游客只有克制自己的歧视经历，从而产生沮丧和无助感。相比公然歧视和微妙歧视，服务水平歧视与挫折（0.9）和无助（0.6）之间有更强的正相关关系。这也说明和服务水平相关的歧视更能引起游客的负面情感。依据感知公平理论，在消费过程

中的结果不公平、程序不公平，特别是交易不公平，都能引起游客
感知价值的变化，从而导致期望不一致，相应产生负面情感和不满
意。所以在服务消费过程中，服务就是游客所要购买的核心产品，
游客更在意交易公平即服务员对自己的礼貌、尊敬和尊重等，更敏
感于服务员的一些言语和行为。更在意享乐性和象征性感知价值的
得失。所以从研究结果来看，服务歧视的影响较大，且引起游客负
面情感程度最大。研究结果也表明该量表具有一定的普适性。

4.2.2 歧视知觉量表的开发

在克林纳和沃尔什（2013）歧视知觉量表的基础上，考虑到不
同消费文化、生活方式、沟通方式、语言范式、社会规范、价值导
向，社会文化背景等区别，国外关于歧视研究是基于种族歧视的，
有些指标内容意思比较接近，或者容易产生歧义，所以需要结合国
内具体研究背景整理出相对容易操作的歧视知觉量表。同时本书为
了细化游客歧视的心理反应过程，具体从感知歧视的内容进行研
究，找出游客感知歧视的最大公因子，以适应不同行业，不同的旅
游服务情景的测量量表。

4.2.3 量表开发的原则与方法

丘吉尔（Churchil，1979）提出开发测量量表必须遵循四项原
则：一是测量量表的开发过程必须建立在正确的概念化的基础，对
此，我们在第2章已经详细介绍了游客歧视知觉，以及该歧视知觉
下各维度所表达的内涵；二是有效的测量工具要从一般的问题库中
抽取出有意义的和有代表性的问题，本章接下来的测量题项是根据
心理学、社会学以及营销学相关文献，再结合中国传统文化的基础

上，以服务业为背景，收集歧视、偏见等语句，提炼出各测量题项的；三是采用多问项测度原则；四是信度和效度原则，开发出的量表要达到一定的信度和效度才能进行推广。

开发量表的前提是生成和提炼出测量的题项。本章主要通过两个方法来获得尽可能多的测量题项：一是通过全面检索有关顾客歧视、服务人员偏见以及欺凌等的相关文献，期望可以尽快地获得最多适用的测量题项；二是采用关键事件技术，歧视知觉是游客在旅游服务体验中，主观感知旅游服务人员的一种行为，这种关系并没有明确界定，是非常微妙的，因此，本章采用游客在旅游服务体验中的一些关键行为知觉来反映这种服务人员的这种歧视。通过游客回忆一些真实发生的行为知觉和理解，归纳总结出歧视知觉的题项。具体通过四个问题来获取这些信息："请回忆一件你在服务消费中受到服务人员的歧视、刁难、偏见或不公正的对待""这次不公正的对待是什么原因""你觉得你是否还在别的地方遭受过这样的对待""请你再回忆其他原因的不公平的对待"。

通过文献和现场调查获得 57 个实例，共 153 个涉及歧视知觉的测量语句。接下来在 1 位营销学、2 位心理学和 1 位社会学的博士的帮助下对这 153 个测量进行了整理，剔除了一些与歧视知觉无关的测量语句，合并一些在内容上重复的语句，同时还规范了一些表述。通过反复推敲，做到尽量简洁完整，最后归纳出 23 个题项。

4.2.4　问卷调查和数据收集

根据所归纳出的题项设计问卷并调查，问卷的形式采用李克特量表（1 分代表非常不同意，7 分代表非常同意）。数据收集主要有三个阶段，第一阶段是预调研阶段，主要目的是用于项目分析和信度检验，删除不合理的问项，确保问卷的有效性，调查对象主要以学生样本为主，共发放问卷 350 份，其中有效问卷 301 份，问卷有效率为 86%。第二阶段是对量表的普适性进行调研，我们通过问卷星收集数据，回收 500 份，其中有效问卷 475 份，问卷有效率为 95%。第三阶段是大规模调研阶段，在第一阶段对问卷处理的基础上设计更加可靠的问卷，该阶段主要目的是为了测量量表的效度和信度，保证量表的适用性，调查对象是普通游客，数据收集途径有两个：一是通过现场调研，在一些旅游景点，旅行社等地方进行访问调查，共发放问卷 300 份，有效问卷 256 份，问卷有效率 85%；二是通过问卷星调查收集数据，共发放问卷 300 份，有效问卷 279 份，问卷有效率 93%。两种方式收集的有效问卷共 535 份。三个阶段的人口统计特征分别如表 4-2 和表 4-3 所示。

表 4-2　　　　　　　　　人口统计特征

第一阶段人口统计特征				第二阶段人口统计特征			
教育程度	人数（%）	性别	人数（%）	教育程度	人数	性别	人数（%）
高中及以下	128（42.52）	男	173（57.48）	高中及以下	201（42.32）	男	265（55.79）
大专	73（24.25）	女	128（42.52）	大专	142（29.89）	女	210（44.21）
本科	63（20.93）			本科	85（17.89）		
研究生	37（12.29）			研究生	47（9.89）		

表 4-3　　　　　　　第三阶段调查对象的人口统计特征

年龄	人数（%）	性别	人数（%）	收入	人数（%）
30 岁及以下	132（24.67）	男	267（50.00）	3000 元及以下	215（40.19）
31~40 岁	212（39.63）	女	268（50.00）	3001~6000 元	190（35.51）
41~50 岁	145（27.10）			6001~10000 元	98（18.32）
51 岁及以上	46（8.60）			10000 元以上	32（5.98）

续表

教育程度	人数（%）	职业	人数（%）	来源	人数（%）
高中及以下	217（40.56）	学生	187（34.95）	现场来源	256（47.85）
大专	158（29.53）	公司职员	103（19.25）	问卷星	279（52.15）
本科	133（24.86）	事业单位职工	56（10.47）		
研究生	27（5.05）	公务员	25（4.67）		
		公司经理	63（11.78）		
		其他	101（18.88）		

虽然第三阶段收集的数据是相互独立且呈正态分布，但是他们之间来源不同，为了检验这些数据是否可以进行合并处理，本章进行了均值和方差比较分析，检验结果显示不同来源数据的均值、标准差及均值误差的差异较小，伴随概率都大于显著性水平0.05，说明不同来源收集的数据没有差异，可以合并处理，具体检验结果如表4-4所示。

表4-4　　　　　　　　　均值比较

来源		题项1	题项2	题项3	题项4	题项5	题项6
问卷星	均值	5.06	5.25	4.55	4.78	5.20	5.30
	标准差	1.12	1.31	1.46	1.49	1.42	1.34
现场	均值	5.08	5.29	4.60	4.81	5.22	5.33
	标准差	1.16	1.31	1.47	1.50	1.41	1.32
P值		0.87	0.76	0.72	0.84	0.86	0.86

来源		题项7	题项8	题项9	题项10	题项11	题项12
问卷星	均值	5.50	5.42	5.32	5.10	5.02	5.35
	标准差	1.04	1.17	1.19	1.15	1.20	1.06
现场	均值	5.49	5.40	5.36	5.12	4.99	5.32
	标准差	1.08	1.17	1.21	1.18	1.25	1.12
P值		0.84	0.80	0.75	0.87	0.80	0.72

4.3　游客歧视知觉量表验证

4.3.1　探索性因子分析

根据第一阶段获得的数据，我们使用 SPSS20.0 软件对这 23 个题项进行主成分分析。数据分析结果表明，所有题项可以提炼出 2 个主成分（特征值大于 1 的成分），累计解释了 73.2%，但是有 4 个测量题项在两个主成分上的载荷显著有效，因此把这 4 个题项删除，还有 2 个题项在所有的主成分中的有效载荷不显著，因此把这个因子也删除，最终保留 17 个测量题项。

根据第二阶段收集的数据进行全面的、准确度高的探索性因子分析，同样，这次使用的软件是 SPSS20.0。数据分析结果（见表 4 – 5）表明，KMO 值为 0.91，同时通过 Barelett's 球形检验（P < 0.00），表明数据已具备因子分析的良好条件。所有测量题项同样可以提炼出 2 个主成分（特征值大于 1 的成分），累计解释了 54.2%，具体如表 4 – 6 和表 4 – 7 所示。但是还有 5 个题项在两个主成分上的载荷显著有效，因此把这 5 个题项删除，最终形成 12 题项的测量量表。

表 4 –5　　　　　　　　　　KMO 和 Bartlett 的检验

取样足够度的 Kaiser – Meyer – Olkin 度量		0.907
Bartlett 的球形度检验	近似卡方	3954.76
	df	136
	Sig.	0

表 4 – 6　　　　　　　　　　　　解释的总方差

成分	初始特征值			提取平方和载入		
	合计	方差的（%）	累积（%）	合计	方差的（%）	累积（%）
1.00	6.73	39.57	39.57	6.73	39.57	39.57
2.00	2.49	14.63	54.20	2.49	14.63	54.20
3.00	0.95	6.18	60.38			
4.00	0.84	4.92	65.30			
5～17 略						

提取方法：主成分分析法。

表 4 – 7　　　　　　　　　　　　成分矩阵

成分									
因子 1	0.68	0.72	0.58	0.48	0.69	0.72	0.71	0.52	0.54
因子 2	-0.19	-0.39	-0.39	-0.33	-0.45	-0.31	-0.2	0.64	0.14
因子 1	0.71	0.74	0.69	0.5	0.64	0.62	0.53	0.54	
因子 2	-0.22	-0.13	-0.05	0.56	0.28	0.58	0.63	0.55	

提取方法：主成分分析法。已提取了 2 个成分。

4.3.2　验证性因子分析

本章采用 AMOS20.0 软件对游客歧视知觉进行验证性因子分析（使用第三阶段收集的数据），主要考察每个测项与潜变量的相关关系，在分析过程中允许潜变量有相关关系。分析结果表明，测量模型的卡方值为 368.6，自由度为 185，根据多数研究学者的发现，在应用卡方统计量时需小心解释，因为其对样本大小敏感度较高。也就是说，在大样本下卡方检验可能会产生统计力过强的问题（吴明隆，2010）。因此，需采用相对拟合指标以检验模型的拟合程度，例如，利用卡方自由度比进行模型间拟合度的比较，一般要求该指标越低越好，尽量不要超过 2，本章的拟合指标值（χ^2/df）为

1.99，小于推荐值2，这一指标表明模型拟合度好。此外还有一些相对指标（CFI、NFI）和绝对指标（RMSEA、GFI、AGFI）也可以反映模型的拟合度情况，这些指标值如表4-8所示，都在推荐值的范围内，表明模型拟合程度非常高，验证性因子结果如表4-9所示，两个因子分别是行为歧视和态度歧视。

表4-8　　　　　　　　　拟合指标及其推荐值

拟合指标	χ^2/df	RMSEA	GFI	AGFI	CFI	NFI
推荐值	<2	<0.05	>0.9	>0.8	>0.9	>0.9
本研究的值	368.6/185 = 1.99	0.037	0.953	0.874	0.955	0.932

表4-9　　　　　　　　　验证性因子分析结果

变量	代号	测量题项	1	2
行为歧视	题项1	经常让我等很久	0.68	
	题项2	根本不理会我的需求	0.80	
	题项3	经常离我很远	0.74	
	题项4	根本不理会我的问题	0.65	
	题项5	对我说出带辱骂性的语言	0.81	
	题项6	对我有很强的防备行为动作	0.65	
态度歧视	题项7	对我很傲慢		0.60
	题项8	对我表现出居高临下的态度		0.71
	题项9	对我表现出很不屑		0.76
	题项10	对我表现出厌恶		0.75
	题项11	对我的语气很强硬		0.63
	题项12	对我表现出漠视		0.64

为了进一步检验二维结构是否是游客歧视知觉的最佳模型，我们根据安德森（Anderson，1998）的建议，进一步测试了游客歧视

知觉二维结构模型的竞争模型。如表 4 - 10 所示，卡方自由度比值是二维度结构的值最小，表明二维度比单维度结构的模型拟合的更好（1.99 < 2 < 3.87），对于相对指标 CFI（0.955 > 0.9 > 0.764）和 NFI（0.932 > 0.9 > 0.606）也显示二维度结构模型更优，另外绝对指标 RMSEA（0.037 < 0.05 < 0.165）、GFI（0.953 > 0.9 > 0.753）、AGFI（0.874 > 0.8 > 0.654）也显示二维度结构模型更好，因此，通过竞争模型比较可知游客歧视知觉是二维度的结构，包含了交行为歧视知觉、态度歧视知觉。

表 4 - 10　　　　　　　　　　拟合指标及其推荐值

拟合指标	χ^2/df	RMSEA	GFI	AGFI	CFI	NFI
推荐值	< 2	< 0.05	> 0.9	> 0.8	> 0.9	> 0.9
二维度	368.6/185 = 1.99	0.037	0.953	0.874	0.955	0.932
单维度	786.4/203 = 3.87	0.165	0.753	0.654	0.764	0.606

为了进一步检验本章开发的游客歧视知觉量表中的行为歧视和态度歧视是不是同属于一个高阶因子，我们对各变量间的协相关系数和协方差进行了检验（见表 4 - 11）。如果协方差检验结果显著不等于 0，表示潜在变量间有显著的共变关系，两个变量的协方差达到显著，表示两者的相关系数达到显著。潜变量行为歧视和态度歧视的协方差为 0.167，临界比值 6.321，达到 0.05 显著水平，两者之间的相关系数为 0.564。两个潜变量间的相关系数均在 0.6 左右，显示这两个因素可能有一个更高阶的共变因素。

表 4 - 11　　　　　　　　　　协相关系数与协方差

	协相关系数	协方差	C. R.	P
行为歧视—态度歧视	0.564	0.167	6.321	***

注：*** 表示显著性水平为 0.001，** 表示显著性水平为 0.01，* 表示显著性水平为 0.05。

二阶验证性因素分析假设模型如图 4 - 1 所示，在二阶 CFA 模型中，一阶因素构念"行为歧视""态度歧视"，外因潜在变量为高阶因素构念"游客歧视知觉"。

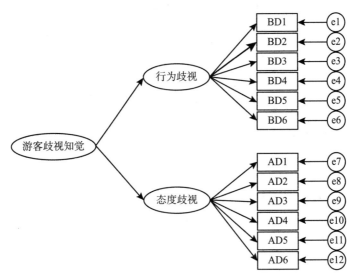

图 4 - 1　游客歧视知觉的 CFA 模型

分析结果表明，模型拟合指数表明二阶模型与数据有很好的拟合性：$\chi^2/df = 374/196 = 1.91$（$p = 0.00$），GFI $= 0.921$，NFI $= 0.907$，AGFI $= 0.874$，CFI $= 0.918$，RMSEA $= 0.018$。在游客歧视知觉的二阶测量模型中，态度歧视和行为歧视与游客歧视知觉之间的路径系数（标准载荷值）都大于 0.5。且路径系数显著，说明态度歧视和行为歧视可以很好地反映游客在服务体验中的歧视感知。

4.3.3　量表的信度和效度检验

4.3.3.1　信度检验

信度即调查项目的可靠性，指采用同样的方法对同一对象重复测量时所得结果的一致性程度。信度指标多以相关系数表示，大致可分为三类：稳定系数（跨时间的一致性）、等值系数（跨形式的一致性）和内在一致性系数（跨项目的一致性）（赖国毅，陈超，2011）。研究一般以 Cronbach α 信度系数来反映量表的可靠性，如果是总量表，一般要求是最好信度系数在 0.8 以上，0.7~0.8 之间可以接受；分量表的信度系数最好在 0.7 以上，0.6~0.7 还可以接受。不论总量表还是分量表，如果信度系数在 0.6 以下，那就要考虑重新编问卷（吴明隆，2010）。采用 SPSS20.0 软件计算量表的 Cronbach α 信度系数，分析结果（如表 4-12）表明 Cronbach α 系数和都大于 0.7，可靠性好。

4.3.3.2　收敛效度检验

收敛效度采用平均方差抽取量（AVE）来表示。AVE 值潜在变量可以解释指标变量变异量的比值，平均方差抽取量越大，指标变量被潜在变量构念解释的变异量百分比越大，相对测量的误差就小，一般判别标准时平均方差抽取量要大于 0.5（吴明隆，2010）。在一阶模型分析中，一阶潜变量行为歧视和态度歧视的 AVE 值分别是 0.65 和 0.70，结果如表 4-12 所示，均高于 0.5。这意味着该测量量表有良好的收敛效度。

与平均方差抽取量类似的指标为组合信度（CR），此种信度检验值也称为建构信度，由多于一个变量的总和做成的新变量的信度。潜变量的组合信度为模型内在质量判别准则之一，若是潜在变量的组合信度值在 0.6 以上，表示模型的内在质量理想（吴明隆，2010）。表 4-12 表明一阶因子验证模型的组合信度值均大于 0.6，行为歧视和态度歧视的 CR 值分别是 0.92 和 0.93，表示模型内在质量最佳。

表 4 − 12　　　　　　　　　信度和效度检验

变量	具体项目代码	因子载荷	Cronbach α	AVE	CR
行为歧视	BD1	0.74	0.91	0.65	0.92
	BD2	0.83			
	BD3	0.84			
	BD4	0.78			
	BD5	0.82			
	BD6	0.83			
态度歧视	AD1	0.82	0.93	0.70	0.93
	AD2	0.82			
	AD3	0.81			
	AD4	0.88			
	AD5	0.86			
	AD6	0.83			

4.3.3.3　区分效度检验

为了检验各变量的区分效度，本章比较了各变量的 AVE 平方根和它们之间的相关系数（见表 4 − 13），从表中可以看出变量间相关系数值要小于 AVE 平方根（表中对角线黑体的数字），说明各变量有良好的区分效度。

表 4 − 13　　　　　　变量间相关系数与 AVE 平方根

	均值	标准差	行为歧视	态度歧视
行为歧视	5.04	1.87	**0.81**	
态度歧视	5.28	1.33	0.573	**0.84**

4.4　本　章　小　结

　　本章在文献分析、成熟量表测度语句借鉴、自编测度语句基础上开发了游客歧视知觉问卷，对矿业旅游市场进行调研并获得相应的数据，采用 SPSS 和 AMOS 等社会统计学软件对数据进行分析处理，开发出具有良好信度和效度的游客歧视知觉量表，并对被剔除题项进行深入剖析，得出游客歧视知觉可以划分为两个维度，"行为歧视"和"态度歧视"。

第5章

游客歧视知觉对旅游意愿的
影响机制

　　根据调查显示，在旅游服务接触中游客感知到歧视的概率大约在1%～5%，而最容易遭受到歧视的是那些弱势群体，如种族歧视。沃尔什（Walsh，2009）的研究认为，除了种族歧视外，年龄、性别以及外貌等都可能是游客遭受歧视的原因。但是，以前的研究主要集中在歧视知觉的影响因素，而对游客决策行为（如口碑、旅游意愿、忠诚等）的影响研究比较简单，具体研究不足有：（1）过去游客歧视知觉的重点侧重于歧视原因分析，即探讨什么因素更容易造成游客歧视，但是，对歧视结果的研究相对比较匮乏，其内在机制影响没有很好地挖掘出来；（2）游客歧视知觉研究主要在西方国家的文化背景进行，而沃尔什（Walsh，2009）认为游客歧视在不同的国家或者文化可能是不一样的，对行为影响也会有所不同。针对以上不足，在中国文化情景下，本书探讨游客知觉到服务歧视时是通过什么心理机制影响其旅游意愿。

5.1　研 究 模 型

　　根据人际交互理论和社会认同理论，游客感知歧视意味着某种损失，对于这种损失，本书认为有情感损失（如面子损失）和认知损失（如价值损失），这些损失进而影响了旅游意愿。如图 5 - 1所示。

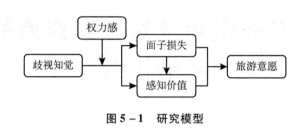

图 5 - 1　研究模型

5.2　研究假设

5.2.1　游客歧视知觉与面子损失

社会认同理论认为个体自我概念部分来源于某个社会群体关系认知，因而个体在情感和价值上依赖于这种社群关系，通过社会比较人们倾向于把自己划分为内群体成员和外群体成员，通过与外群体组织比较能够获得积极区分，可以维持和提高社会认同，加强自尊（Ye et al.，2012）。

面子是一个具有中国特色的概念，是一个心理上的、不可捉摸的，但却是调节社会交往的、最细腻的标准。面子指在特定人际交往中，个体能够很好地获得向他人声讨同时也是他人认为其应该获得的社会价值，是一种可以被认可的社会属性以及自我形象认知。布朗和莱文森（Brown & Levinson，1978）认为面子是个体要求他人认同的一种自我形象，涉及个人情绪，并且在人际交往时需要特别注意的东西,面子在交往过程中可以丢失、维持或增加。胡(Ho, 1976)认为面子是个体根据其在社会网络所拥有的地位、角色以及被人接受的行为操守,从他人那里获得的尊重和恭敬。周美玲和何友晖(1993)则认为面子主要是通过与他人互动而来,具体包含五方面内容:社会尊严、特别待遇、行为标准、期望和互应性。汪涛和张琴(2011)认为面子包含两方面建构:心理建构和社会建构,像尊严、声誉和地位是社会建构,而自我形象展露则是一种心理建构。

最近营销学领域开始关注面子对消费行为的影响。面子感知主要通过两个系统,交换系统和认知系统,社会建构主要通过交换系统来完成(汪涛和张琴,2011)。根据资源交换理论,人们交换的六种类型资源:爱(例如安慰、温暖和依恋的表达),地位、信息、钱、商品和服务。面子其实就是一种社会资源,可以通过交换产生。通过积极行为歧视,个体可以从互动中获得地位、尊严,进而感觉到有面子(周美玲和何友晖,1993)。当然,面子获得多少取决于交换互动情况,如果双方互动质量很差,则可能感觉没有面子。另一种是认知系统获得面子,通过服务情景刺激(情景中的人、事、时、地和物),对面子消息计量,获得净面子量,再通过比较判断标准来知觉到面子,比较判断标准的选择会影响最终面子感知,比较判断标准一般是基于期望不一致范式,游客会对预期面子和实际感知面子进行比较,如果实际得到的面子大于或等于预期面子,那么个体会感觉到有面子,反之,如果实际得到的面子比预期面子要小,则个体会感觉到没有面子(汪涛和张琴,2011)。

面子丢失发生在行为歧视中。在行为歧视中,三种类型的面子可能会受到威胁或丢失:友谊面子,个体想要接近他人和进入某个圈子;能力面子,个体希望通过能力和专长来获得尊重的欲望;自主面子,个体对能自由控制他人的欲望。假如他人在行为歧视中没有满足友谊、能力和自主的需求，会感觉到面子丢失，也就意味着他人行为可能会威胁到个体自我形象或者尊重造成面子丢失，他人拒绝和否认信号将导致面子的丢失（Liao & Bond，2011）。

游客面子主要来源于与他人的社会建构关系，面子丢失与这种社会关系变化有很大关系，如果旅游服务提供者与游客社会关系是负面，很明显游客会感知到没面子。汪涛和张琴（2011）在对消费者面子感知来源进行研究，认为消费者消费中感知有面子主要是通过产品属性以及与他人关系来获得，感知产品地位越高，消费者感到有面子，而在消费过程中能够获得他人的评价越高，消费者越有面子。廖和邦德（Liao & Bond，2011）则从面子损失的角度认为在旅游服务过程中有五件事可能会导致游客没有面子：人际交往缺乏、蔑视和贬低（受到他人的歧视）、自我能力低下、行为失误以及负向认知。

当感知到旅游服务人员歧视时，游客也就感到资源遭到损失，按照面子交换系统来源，他会感到社会地位受到威胁，没有尊严，而感知到面子丢失。按照认知系统，服务人员的歧视，是一种对自己的蔑视和贬低，没有获得服务人员认同，与他人进行比较很明显感知自我形象受损，从而知觉到没有面子。

假设5-1：游客歧视知觉对面子损失存在正向影响；

假设5-1a：行为歧视知觉对面子损失存在正向影响；

假设5-1b：态度歧视知觉对面子损失存在正向影响。

游客在丢失面子后会出现认知、情感和行为三种结果，由于人们对面子的关注程度不同，会出现争面子和护面子两种行为，争面子就是为了获取面子，获得积极的自我形象；而护面子是为了避免面子丢失，不想被人看不起（张正林和庄贵军，2008），而在服务过程中感知到面子丢失，为了争取面子或护住面子，按资源交换理论，游客会采取对旅游服务人员的反制措施，对服务人员抱怨，旅游意愿降低。

假设 5 - 2：面子损失对旅游意愿存在负向影响。

5.2.2 游客歧视知觉与感知价值

游客感知价值一直以来都受到学者和旅游企业经营者的高度关注，是旅游营销中非常关键的要素，为游客提供和创造良好的感知价值已成为旅游企业获得竞争优势的新源泉。很多学者都对游客感知价值进行了定义，但目前游客感知价值的本质到底是什么还不是很清楚，这可能是游客感知价值主观性和动态性的缘由。例如，泽丝曼尔（Zeithaml，1988）认为感知价值是游客基于得失比较而对产品或服务效用作出的总体评价，是游客从供应商获得利得与利失之间的权衡。斯威尼和苏塔（Sweeney & Soutar，2001）从价值要素角度理解感知价值，认为游客价值包含三维度：自尊价值或"想要"，激发游客旅游的欲望；交换价值或"值得"，解释为什么游客有兴趣和如何、什么时候使用产品；实用价值或"需要"，产品的绩效的描述。塞丝等（Sheth et al.，1991）则认为任何产品或服务所提供的价值都包括功能性价值、情感性价值、社会性价值、认知价值和情景价值，这五种价值会影响游客购买和选择行为。

虽然游客感知价值的定义有很多版本，但这些定义中有两个共同点：首先，价值多维度性质，游客感知价值是一个复杂的感知变量，是游客所得与利失之间的一个权衡。例如，价值感知利得是产品物理属性，服务属性和技术支持的组合，是游客收益；感知利失是一种货币和非货币成本，诸如时间，获得和使用商品的努力，是游客付出。其次，价值感知主观性，即，同样产品不同的人感知的价值不一样。最后，本书认为游客感知价值是游客在旅游过程中在相关利益和损失之间的权衡基础上感知的净利益。

购买商品或服务，获得利益所付出的成本通常是购买者最看重的因素，同样的量在利失上减少要比利得上增加，游客感知的价值要多。因为游客会根据成本—收益法则来评价购买行为，游客在购买时考虑的成本有货币成本、时间成本、搜寻成本、学习成本和情绪成本以及认知努力（Huber et al.，2001）。价值是对积极结果（利益）和负面结果权衡的结果，而面子是一种社会资源，面子丢失，意味着游客拥有的资源丢失，那么，在服务消费过程中感知利失增加，将严重损害游客感知价值。

假设5-3：游客面子损失对感知价值存在负向影响。

格朗鲁斯（Gronroos，1997）对感知价值中利得价值分为核心价值和附加价值，核心价值是产品核心解决方案产生的利益与价格的比较，附加价值是游客关系中的附加服务和成本的比较，对快速传递、关注和支持性服务措施所感知到的价值。如果附加服务造成不必要或意想不到的关系成本，那么附加价值对游客感知价值是负面作用，而旅游服务员工的不友好态度以及生疏的服务技巧都会造成消极附加价值，造成核心价值减少。旅游服务员工对游客的歧视会负向影响游客感知价值，服务人员的态度歧视让游客感到一种耻辱，游客为了减少这种耻辱，需要额外的努力去减轻这种耻辱感，增加了不必要的关系成本，感知利失增加，降低了感知价值；服务人员的态度歧视增加了游客的不公平感，而不公平感影响了游客的货币成本，时间成本以及搜寻成本的感知，同样游客感知利失增加，感知价值降低。

假设5-4：歧视知觉对感知价值存在负向影响；

假设5-4a：行为歧视知觉对感知价值存在负向影响；

假设5-4b：态度歧视知觉对感知价值存在负向影响。

根据"手段—目的"链理论，价值会引导人们对产品或服务利益和相关属性的评价，然后这些评价影响目标相关的购买行为

（Sweeney & Soutar，2001）。因此，当游客感知价值非常高时，他们对服务将会有积极评价和情感，结果是积极促进游客的旅游行为（Huber et al.，2001），格朗鲁斯（Gronroos，1997）在研究社群网络服务时，认为顾客价值对顾客购买行为有直接的影响，并实证了顾客感知价值会积极影响购买决策。感知价值与游客满意和服务质量比较，能更好地预测游客的旅游意愿（Sweeney & Soutar，2001）。

假设5-5：感知价值对旅游意愿存在正向影响。

5.2.3　权力感的影响作用

权力是一种控制资源和结果的能力，控制的资源可以是经济资源、权威、尊重和专长。很多研究表明权力可以是一种心理状态，而不是代表一个人所处社会地位的高低或实际拥有权力的大小（Lammers et al.，2012），这种权力心理状态对个体的行为有重要的影响，如感知到权力的个体的行为更加乐观，有更强的依赖性，抽象思维思考事物等（Rucker & Galinsky，2008）。权力感知可以反映个体对自己是否拥有权力的长期知觉，可以分为高权力者和低权力者，权力感高低不一样的个体对消费行为、思维方式以及对他人的态度可能都不一样。高权力者会更多考虑自我，对自身的一些道德行为判断会有更宽松的态度，而对他人的道德行为则显得很苛刻，不能容忍他人欺诈以及对自我不敬，而低权力者则对他人道德行为表现更宽松，对他人不道德行为没有像高权力者有那么强烈的反应（Lammers et al.，2012）。

权力可以提升个体对能力的期望以及对自我感知能力的需求，而自我感知能力是个体在面对环境时能够应对环境以及改变环境的能力，是个体内心表现的一种自信以及尊严（Lammers et al.，2012）。当引起权力者怀疑自我能力的内在特征出现时就会产生自我形象威胁，而且高权力者对这种无能力的感知要比低权力者的感知要更强烈，更能体验的自我形象的威胁。比如上级感知到没有办法影响下属时产生的自尊威胁要比那些缺乏人际影响的下属所产生的自尊威胁要高。权力也增强了个体的自信和乐观，导致高权力者拥有较多积极自我概念，但是，当面对不利的外部威胁时，高权力者则会体验到更多的威胁，范克里夫等（Van Kleef et al.，2008）认为在受到前台接待歧视时，那些高权力者认为这种歧视对他的权力产生了很大的威胁，让他更没有面子，而低权力者，作为低社会地位群体的一员，其长期受到外部环境的威胁，面对别人的歧视时，对他人威胁的感知就迟钝一些，自尊及自信受到威胁的感知也就小一些。

假设 5 - 6：相对于低权力游客，高权力游客面对歧视时，面子损失更多；

假设 5 - 7：相对于低权力者，高权力者面对歧视时，感知价值损失更多。

5.3 研 究 设 计

5.3.1 量表设计

本书所设计的变量有 5 个：歧视知觉、面子损失、感知价值、旅游意愿和权利感。除了歧视知觉，所有变量的原始量表均为英文量表，对原始量表经过两轮英汉互译之后得到初始量表。变量测量均采用 7 点李克特量表，除旅游意愿外，1 表示非常不同意，7 表示非常同意。

歧视知觉测量：通过探索性因子分析（见表 5 - 1：KMO 值为 0.862，P < 0.001，说明适合作因子分析），抽取了两个有效因子，方差解释比率为 83.127%，行为歧视的同质信度为 0.922，态度歧视的同质信度为 0.923。

表 5 - 1   歧视知觉的 KMO 和 Bartlett 的检验

取样足够度的 Kaiser—Meyer—Olkin 度量		0.862
Bartlett 的球形度检验	近似卡方	1533.324
	df	1
	Sig.	0.000

面子损失测量：参照廖和邦德（Liao & Bond，2010）的测量量表，共 5 个测项，通过探索性因子分析（见表 5 - 2：KMO 值为 0.835，P < 0.001，说明适合作因子分析），抽取了 1 个有效因子，方差解释比率为 86.327%，同质信度为 0.879。

表 5 - 2   面子损失的 KMO 和 Bartlett 的检验

取样足够度的 Kaiser—Meyer—Olkin 度量		0.835
Bartlett 的球形度检验	近似卡方	1124.643
	df	1
	Sig.	0.000

感知价值测量：参照哈和姜（Ha & Jang，2010）的测量量表，共 4 个测项，通过探索性因子分析（见表 5 - 3：KMO 值为 0.894，P < 0.001，说明适合作因子分析），抽取了 1 个有效因子，方差解释比率为 80.321%，同质信度为 0.886。

表 5 - 3　　　　　　　　面子损失的 **KMO** 和 **Bartlett** 的检验

取样足够度的 Kaiser—Meyer—Olkin 度量		0.894
Bartlett 的球形度检验	近似卡方	1233.543
	df	1
	Sig.	0.000

旅游意愿测量：参考蒂格雷等（Tigre et al.，2015）的测量量表，共 3 个测项，通过探索性因子分析（见表 5 - 4：KMO 值为 0.845，P < 0.001，说明适合作因子分析），抽取了 1 个有效因子，方差解释比率为 85.747%，同质信度为 0.857。

表 5 - 4　　　　　　　　面子损失的 **KMO** 和 **Bartlett** 的检验

取样足够度的 Kaiser—Meyer—Olkin 度量		0.845
Bartlett 的球形度检验	近似卡方	1653.245
	df	1
	Sig.	0.000

权力感测量：权力感既可以通过认知和身体因素的操控得以暂时性的启动，也可以通过一般权力感量表的测量获取，而且后者注重的是人们长期的权力感。一般权力感量表最早由安德森和格林斯基（Anderson & Galinsky，2006）开发，并探索了个体的一般权力感对风险的乐观估计的影响，现已被广泛用于测量个体在各种关系或群体中长期的权力感；在安德森和格林斯基（2006）的研究中，该量表的值达到了 0.88 左右，有较高的内部一致性。该量表由 8 个题项构成，其中 5 个是正向问题："身边的人都听我的""我的话语很有分量""我可以叫别人按照我的意愿做事""我觉得我很有权力""只要我想，我就能够拍板作出决定"另外 3 个为反向问题："即使我说出了我的想法，也起不到什么作用""我的观点或

建议经常被忽视""不论我怎么努力，我都得不到我想要的"。

通过探索性因子分析（见表 5 - 5：KMO 值为 0.869，P < 0.001，说明适合作因子分析），抽取了 1 个有效因子，方差解释比率为 83.528%，同质信度为 0.933。

表 5 - 5　　　　面子损失的 KMO 和 Bartlett 的检验

取样足够度的 Kaiser—Meyer—Olkin 度量		0.869
Bartlett 的球形度检验	近似卡方	1432.259
	df	1
	Sig.	0.000

本次研究的所有测量指标如表 5 - 6 所示。

表 5 - 6　　　　　　　　测量指标及来源

因子	指标	指标内容	来源
行为歧视 （BD）	BD1	旅游服务人员经常让我等很久	本书整理设计
	BD2	旅游服务人员根本不理会我的需求	
	BD3	旅游服务人员经常离我很远	
	BD4	旅游服务人员根本不理会我的问题	
	BD5	旅游服务人员对我说出带辱骂性的语言	
	BD6	旅游服务人员对我有很强的防备行为动作	
态度歧视 （AD）	AD1	旅游服务人员对我很傲慢	本书整理设计
	AD2	旅游服务人员对我表现出居高临下的态度	
	AD3	旅游服务人员对我表现出很不屑	
	AD4	旅游服务人员对我表现出厌恶	
	AD5	旅游服务人员对我的语气很强硬	
	AD6	旅游服务人员对我表现出漠视	

续表

因子	指标	指标内容	来源
面子损失 （FL）	FL1	我感到脆弱而且不能控制将会发生什么	Liao 和 Bond （2010）
	FL2	我感到威胁	
	FL3	破坏了我在公众的声望	
	FL4	损害了我的形象	
	FL5	伤害了我的自尊	
感知价值 （PV）	PV1	这次旅游感到获得很多利益	Hsu 和 Chan （2015）
	PV2	这次旅游享受物超所值	
	PV3	这次旅游对我来说是一种享受	
	PV4	这次旅游花费的时间和精力是值得的	
旅游意愿 （TW）	TW1	在时间和经济预算许可的情况下，我愿意选择这家旅行社	Tigre 等 （2015）
	TW2	在类似的旅行社中，我会考虑这家旅行社的旅游服务	
	TW3	我很有可能选择旅行社的旅游服务	
权力感 （PS）	PS1	身边的人都听我的	Anderson 和 Galinsky （2006）
	PS2	我的话语很有分量	
	PS3	我可以叫别人按照我的意愿做事	
	PS4	我觉得我很有权力	
	PS5	只要我想，我就能够拍板作出决定	
	PS6	即使我说出了我的想法，也起不到什么作用	
	PS7	我的观点或建议经常被忽视	
	PS8	不论我怎么努力，我都得不到我想要的	

5.3.2 数据收集

本书选择经营矿业旅游业务的旅行社为研究对象。（1）高互动服务情景。由于接触时间比较长，互动程度比较高，容易发生歧视行为，且频率和外显性比较高，而旅游市场属于高互动服务场景。（2）旅游时由于个体是临时组成的一个团体，接触比较多，游玩、用餐、住宿等，个体在文化和社会规范上差异比较大，短期内很难相互适应，在互动过程中容易发生歧视行为。（3）研究矿业旅游市场符合我国生态文明建设和绿色经济发展的要求。（4）旅行社作为旅游服务的一部分，通过对旅行社选择来表示游客的旅游意愿。

本书采用结构方程模型（SEM）对样本数据进行分析和验证，结构方程模型对样本容量有一定的基本要求，样本容量大小会影响到结构方程模型输出结果指数值以及数据分析的稳定性。通常情况下，有效样本容量要在100以上，如果样本容量小于100，结构方程模型（SEM）相关分析会极其不稳定，一般中型样本容量要超过200。如果想通过极大似然法对样本进行统计，那么至少需要一个中型以上样本（Joseph et al.，1998）。如果想采取 SEM 分析和验证样本数据，样本容量要达到150以上。戈萨奇（Gorsuch，1983）提出样本容量大小与样本测量指标数的比值至少要在 5∶1 以上的通用标准，比值在 10∶1 以上最好（黄芳铭，2005）。综合以上分析，本书所需样本容量至少要符合以下两个条件：（1）有效样本容量要在 200 个以上。（2）有效样本容量是样本测量指标数的 10 倍以上。

由于歧视知觉是个体的主观感知，依赖于特定的消费互动情景，为了保证数据的真实性、准确性和时效性，本书采用街头访问法收集数据，在一些矿业旅游景点直接向就游客发放调查问卷。调查时间从 2017 年 6 月 1 日至 2017 年 8 月 1 日，收集问卷 800 份，其中有效问卷 717 份。有效率为 89.625%，表 5 - 7 为样本人口统计特征。在受访者中，30 岁以下占大多数，为 35.46%；男女比例均衡，分别为 48.34% 和 51.66%；收入 5000 元以下的人数居多，占 39.58%；样本的学历多数为大专及以下，占 68.93%；多数为公司职员，占比33.73%。

表5-7　　　　　　　　　　基本统计资料

年龄	25岁及以下	26~30岁	31~35岁	36~40岁	41岁及以上
人数（占比）	119 (16.597%)	213 (29.707%)	234 (32.636%)	97 (13.529%)	54 (7.531%)
性别	男		女		
人数（占比）	423（59.996%）		294（41.004%）		
月收入	3000元以下	3000~5000元	5001~7000元	7001~9000元	9000元以上
人数（占比）	127 (17.713%)	274 (38.215%)	141 (19.665%)	112 (15.621%)	63 (8.787%)
教育程度	高中及以下	大学		研究生	
人数（占比）	363（50.628%）	276（38.494%）		78（10.879%）	
职业	学生	公司职员	事业单位职工	公务员	公司经理	其他
人数（占比）	212 (29.568%)	252 (35.146%)	74 (10.321%)	34 (4.742%)	43 (5.997%)	102 (14.226%)

5.4　结果分析

5.4.1　信度分析

采用AMOS 20.0软件进行分析，首先进行验证性因子分析对测量变量进行检验，主要考察每个测项与潜变量之间的相关关系，在分析过程中允许潜变量有相互关系。分析结果显示，所有观察变量的因子载荷在0.739~0.876，且都在0.01的显著水平上达到显著，所有潜变量的平均方差萃取值（AVE）都超过了 0.5 的最低要求，表明指标可以解释潜变量的大部分变差。各变量的组合信度（CR）指标高于 0.7，这个指标的最低要求是达到 0.7，说明各变量达到良好的收敛效度（见表 5 - 8）。

表 5 - 8　　　　　　　　变量的信度分析

变量	测量题项	因子载荷	CR	AVE
行为歧视	旅游服务人员经常让我等很久	0.876	0.926	0.676
	旅游服务人员根本不理会我的需求	0.831		
	旅游服务人员经常离我很远	0.842		
	旅游服务人员根本不理会我的问题	0.793		
	旅游服务人员对我说出带辱骂性的语言	0.844		
	旅游服务人员对我有很强的防备行为动作	0.739		
态度歧视	旅游服务人员对我很傲慢	0.788	0.920	0.657
	旅游服务人员对我表现出居高临下的态度	0.853		
	旅游服务人员对我表现出很不屑	0.801		
	旅游服务人员对我表现出厌恶	0.823		
	旅游服务人员对我的语气很强硬	0.786		
	旅游服务人员对我表现出漠视	0.810		
面子损失	我感到脆弱而且不能控制将会发生什么	0.789	0.879	0.645
	我感到威胁	0.799		
	破坏了我在公众的声望	0.803		
	损害了我的形象	0.779		
	伤害了我的自尊	0.821		
感知价值	这次旅游感到获得很多利益	0.843	0.889	0.666
	这次旅游享受物超所值	0.829		
	这次旅游对我来说是一种享受	0.814		
	这次旅游花费的时间和精力是值得的	0.777		

变量	测量题项	因子载荷	CR	AVE
旅游意愿	在时间和经济预算许可的情况下，我愿意选择这家旅行社	0.835	0.861	0.674
	在类似的旅行社中，我会考虑这家旅行社的旅游服务	0.827		
	我很有可能选择旅行社的旅游服务	0.801		
权力感	身边的人都听我的	0.810	0.940	0.660
	我的话语很有分量	0.783		
	我可以叫别人按照我的意愿做事	0.798		
	我觉得我很有权力	0.821		
	只要我想，我就能够拍板作出决定	0.834		
	即使我说出了我的想法，也起不到什么作用	0.826		
	我的观点或建议经常被忽视	0.815		
	不论我怎么努力，我都得不到我想要的	0.803		

5.4.2　效度分析

为了检验各变量的区分效度，本书比较了各变量的 AVE 平方根和它们之间的相关系数（见表 5-9），从表中可以看出变量间的相关系数值要小于 AVE 平方根（表中对角线黑体的数字），说明各变量有良好的区分效度，通过效度检验。

表 5-9　　　　　　　　相关系数矩阵与 AVE 平方根

	Mean	Std.	行为歧视	态度歧视	面子损失	感知价值	旅游意愿	权力感
行为歧视	4.432	2.363	**0.822**					
态度歧视	4.190	2.323	0.345	**0.811**				
面子损失	4.923	1.456	0.619	0.532	**0.803**			

续表

	Mean	Std.	行为歧视	态度歧视	面子损失	感知价值	旅游意愿	权力感
感知价值	2.783	2.452	-0.356	-0.178	-0.532	**0.816**		
旅游意愿	2.472	1.743	-0.215	-0.653	-0.382	0.632	**0.821**	
权力感	3.654	2.447	0.464	0.324	0.388	0.289	0.517	**0.812**

注：对角线上的数据为各变量的 AVE 平方根值，其他数据为各变量间的相关系数。

5.4.3 共同方法偏差检验

共同方法偏差可能产生于同源数据，因为在做问卷调查时，问卷中所有题项都是由同一被调查者填写的。如果共同方法偏差程度很高，就会影响到数据的效度。常见的共同方法偏差检验有两种方法。第一种方法是哈曼（Harman）的单因子检验法，将问卷中的全部测项做探索性因子分析，如果未旋转前的第一个因子方差解释率超过 50%，说明收集的数据共同方法偏差程度很高，反之则低。通过分析（见表 5 - 10），第一个因子方差解释率为 46.217%，低于 50%，收集的数据共同方法偏差程度在可以接受的范围之内。第二种方法是考查变量之间的相关系数，如果相关系数超过 0.9，说明共同方法偏差过高。从表 5 - 10 中可知，本书变量间的相关系数绝对值在 0.178 ~ 0.653，小于 0.9，从另一种方法的视角说明收集的数据共同方法偏差程度在可以接受的范围之内。通过这两种方法所做的检验，共同方法偏差不会影响本书数据的效度。

表 5 - 10   解释的总方差

成分	初始特征值			提取平方和载入		
	合计	方差的（%）	累积（%）	合计	方差的（%）	累积（%）
1	16.176	46.217	46.217	16.176	46.217	46.217
2	3.025	8.643	54.86	3.025	8.643	54.86

续表

成分	初始特征值			提取平方和载入		
	合计	方差的（%）	累积（%）	合计	方差的（%）	累积（%）
3	1.938	5.538	60.398	1.938	5.538	60.398
4	1.566	4.475	64.873	1.566	4.475	64.873
5	1.315	3.757	68.63	1.315	3.757	68.63
6	1.026	2.932	71.562	1.026	2.932	71.562
7	0.81	2.315	73.878			
8	0.767	2.191	76.069			
9	0.695	1.987	78.056			
10	0.664	1.897	79.952			
11	0.633	1.808	81.76			
12	0.597	1.704	83.464			
13	0.516	1.475	84.94			
14	0.478	1.366	86.306			
15	0.452	1.292	87.598			
16	0.415	1.186	88.784			
17	0.411	1.174	89.957			
18	0.357	1.021	90.979			
19	0.318	0.908	91.886			
20	0.313	0.894	92.781			
21	0.25	0.714	93.495			
22	0.231	0.661	94.155			
23	0.225	0.644	94.799			
24	0.215	0.615	95.414			
25	0.211	0.603	96.017			
26	0.192	0.549	96.566			
27	0.176	0.502	97.068			
28	0.173	0.495	97.563			

成分	初始特征值			提取平方和载入		
	合计	方差的（%）	累积（%）	合计	方差的（%）	累积（%）
29	0.154	0.441	98.004			
30	0.14	0.399	98.404			
31	0.127	0.362	98.766			
32	0.12	0.342	99.107			
33	0.115	0.328	99.435			
34	0.105	0.299	99.734			
35	0.093	0.266	100			

5.4.4　多重共线性检验

从表 5 -9 可以看出，本书变量之间的相关系数绝对值在 0.178 ~ 0.653，一般而言，相关系数 R > 0.7 时表示高度相关，0.4 < R < 0.7 时表示中度相关，R < 0.4 时表示低度相关（William，1992）。因此，本书有 7 个变量相关性是中度相关的，其余的为低度相关，变量之间高度相关的情况不存在。鉴于此，本书中有些变量之间并非完全独立，而是存在中等或低等程度相关性，那么就有必要做共线性诊断，以判断变量之间是否存在共线性及其严重程度。

多重共线性指自变量间存在线性相关关系，即某个自变量可以用其他的自变量（一个或几个）的线性表达式表示（赖国毅和陈超，2011）。多重共线性会对回归分析带来困难，造成回归系数计算不精确，解释变量不能很好解释因变量。如果不能解决多重共线性问题，回归分析就无法进行，不能对结构方程模型拟合情况进行检验。共线性诊断的指标有：

（1）容忍度（Tolerance），某自变量的容忍度等于 1 减去以该自变量为反应变量，容忍度越小，多重共线性越严重，容忍度小于

0.1 时，存在严重的多重共线性。

（2）方差膨胀因子（Variance Inflation Factor，VIF），等于容忍度的倒数，一般认为 VIF 不应大于 5，根据前面容忍度的标准，也可放宽至不大于 10。

（3）特征根（Eigenvalue），对模型中常数项及所有自变量计算主成分，如果前面几个主成分数值较大，后面几个较小，甚至可能接近于 0，那么说明自变量间存在较强的线性相关关系。

（4）条件指数（Condition Index，CI），等于最大的主成分与当前主成分的比值的算术平方根，条件指数小于 10，多重共线性就不明显，在 10~30，中等强度的多重共线性，如果大于 30，严重多重共线性。

本书以"游客满意"作因变量，其他变量为前因变量，运用 SPSS 对调查数据做共线性诊断，选择容忍度、方差膨胀因子、特征值和条件指数四个指标，具体结果如表 5－11 和表 5－12 所示。容忍度基本上在 0.7 以上，意味着方差膨胀因子都要小于 1.5，达到了标准，条件指数小于 10，几个主成分（特征根）数值比较均匀，在 0.5 左右，说明自变量间的线性相关关系较弱，多重共线性就不明显。

表 5－11　　　　　　　　　多重共线性检验

变量	容忍度	VIF
行为歧视	0.808	1.237
态度歧视	0.798	1.253
面子损失	0.748	1.338
感知价值	0.722	1.384
权力感	0.839	1.192

表 5 - 12　　　　　　　　　　　　　共线性诊断

模型	维数	特征值	条件指数	方差比例					
				常量	行为歧视	态度歧视	面子损失	感知价值	权力感
1	1	5.764	1	0	0	0	0	0	0
	2	0.072	8.948	0	0.03	0.01	0.06	0.04	0.96
	3	0.058	9.928	0.05	0.07	0.14	0.62	0.05	0.01
	4	0.047	11.031	0.02	0.06	0	0.26	0.88	0
	5	0.035	12.789	0.01	0.45	0.69	0.06	0.03	0.01
	6	0.023	15.735	0.91	0.4	0.16			0.01

5.4.5　模型检验

验证测量变量后，进一步采用 AMOS 20.0 分析软件对概念模型进行路径检验。先对概念模型的适配性进行检验，具体指标如表 5 - 13 所示，表 5 - 13 只是列举了几个比较重要的拟合指标，表中第二行表示概念模型适配时这些重要拟合指标值的范围，第三行表示本书的拟合指标值。从表 5 - 13 可以看出，本书的指标数值都在适配标准之内，说明概念模型的拟合度较好，模型是可以接受的。

表 5 - 13　　　　　　　　　拟合指标及其推荐值

拟合指标	χ^2/df	RMSEA	GFI	AGFI	CFI	NFI
推荐值	< 2	< 0.05	> 0.9	> 0.8	> 0.9	> 0.9
本书的指标值	578/347 = 1.666	0.047	0.932	0.902	0.964	0.967

接下来是对概念模型的路径系数进行检验。潜变量之间结构关系的标准化路径系数的估计值、T 值和假设检验结果如表 5 - 14 所

示，行为歧视和态度歧视对面子损失有积极的影响，影响路径系数分别为 β = 0.132（C. R. 值为 1.967，P < 0.05）和 β = 0.198（C. R. 值为 4.413，P < 0.001），从而验证了假设 5 - 1；面子损失对旅游意愿存在负向影响，影响路径系数为 β = - 0.155（C. R. 值为 - 3.232，P < 0.01），从而验证了假设 5 - 2；游客面子损失对感知价值存在负向影响，影响路径系数为 β = - 0.165（C. R. 值为 - 3.482，P < 0.01），从而验证了假设 5 - 3；行为歧视和态度歧视对感知价值存在负向影响，影响路径系数分别为 β = - 0.139（C. R. 值为 - 2.410，P < 0.05）和 β = - 0.179（C. R. 值为 - 3.632，P < 0.001），从而验证了假设 5 - 4；感知价值对旅游意愿存在正向影响，影响路径系数为 β = 0.164（C. R. 值为 3.049，P < 0.01），从而验证了假设 5 - 5。

另外，控制变量（年龄、收入、职业、性别以及学历）并不影响游客旅游意愿。

表 5 - 14　　　　　　　　基本假设验证结果

研究假设	路径系数	C. R.	P 值	验证情况
假设 5 - 1a：行为歧视→面子损失	0.132	1.967	*	是
假设 5 - 1b：态度歧视→面子损失	0.198	4.413	***	是
假设 5 - 2：面子损失→旅游意愿	- 0.155	- 3.232	**	是
假设 5 - 3：面子损失→感知价值	- 0.165	- 3.482	**	是
假设 5 - 4a：行为歧视→感知价值	- 0.139	- 2.410	*	是
假设 5 - 4b：态度歧视→感知价值	- 0.179	- 3.632	***	是
假设 5 - 5：感知价值→旅游意愿	0.164	3.049	**	是
控制变量对旅游意愿的影响	路径系数	C. R.	P 值	验证情况
性别→旅游意愿	0.115	1.687	n. s	—
收入→旅游意愿	- 0.034	- 0.451	n. s	—
年龄→旅游意愿	0.059	1.094	n. s	—

续表

控制变量对旅游意愿的影响	路径系数	C. R.	P 值	验证情况
职业→旅游意愿	0.084	1.604	n. s	—
学历→旅游意愿	-0.079	-1.736	n. s	—

注：*** P < 0.001，** P < 0.01，* P < 0.05，n. s P > 0.05，路径系数均为标准化系数。

5.4.6　面子损失和感知价值的中介效应检验

中介效应检验核心内容是系数乘积的检验（温忠麟和叶宝娟，2014）。依次检验是对系数乘积的间接检验，该方法简单明了，如果检验结果是 a≠0 且 b≠0，就可以推出 ab≠0。从数学上该推理非常严密，但是在统计上，采用依次检验来检验 H_0：ab=0，第一类错误率较低，低于设定的显著性水平（如0.05），这表明，如果依次检验结果 a 和 b 都显著，已经足够支持所要的结果，即 ab 显著（温忠麟等，2004）。但依次检验的检验力相对也是比较低的，即系数乘积实际上显著而依次检验比较容易得出不显著的结论（Sobel，1982）。由此索贝尔（Sobel，1982）提出 Sobel 检验法，其构造了检验统计量 $z = \hat{a}\hat{b}/s_{ab}$，其中，$\hat{a}$ 和 $\hat{b}$ 分别是 a 和 b 的估计量，$s_{ab} = \sqrt{\hat{a}^2 s_b^2 + \hat{b}^2 s_a^2}$ 是 $\hat{a}\hat{b}$ 的标准误差，s_a 和 s_b 分别是 $\hat{a}$ 和 $\hat{b}$ 的标准误差。温忠麟和叶宝娟（2014）模拟研究发现 Sobel 法的检验力高于依次检验。

面子损失的中介作用采用 Sobel 检验法。表 5-15 左边第一、第二步表示行为歧视对旅游意愿和面子损失有显著影响，第三步表示控制面子损失后行为歧视和面子损失对旅游意愿的影响，面子损失对旅游意愿有显著影响，但是行为歧视对旅游意愿没有显著的影响，Sobel 检验值为 4.432，P < 0.01，说明面子损失在行为歧视对旅游意愿的影响中起到完全中介的作用。表 5-15 右边第一、第二步表示态度歧视对旅游意愿和面子损失的影响系数显著，第三步表

示控制面子损失后态度歧视和面子损失对旅游意愿的影响，它们都达到显著水平，Sobel 检验值为 2.567，P < 0.05，说明面子损失在态度歧视对旅游意愿的影响中起到部分中介作用。

表 5 – 15　　　　　　　　面子损失的中介效应检验

行为歧视（x），面子损失（u），意愿（y）		态度歧视（g），面子损失（u），意愿（y）	
第一步，$y = -0.267^{***} x$	SE = 0.034	第一步，$y = -0.377^{***} g$	SE = 0.059
第二步，$u = 0.354^{***} x$	SE = 0.101	第二步，$u = 0.325^{***} g$	SE = 0.051
第三步，$y = -0.116^{n.s} x$	SE = 0.123	第三步，$y = -0.198^{***} g$	SE = 0.072
$-0.223^{***} u$	SE = 0.156	$-0.176^{*} u$	SE = 0.132

注：*** 表示显著性水平为 0.001，** 表示显著性水平为 0.01，* 表示显著性水平为 0.05，n.s P > 0.05。

感知价值的中介作用采用 Sobel 检验法。表 5 – 16 左边第一、第二步表示行为歧视对旅游意愿和感知价值有显著影响，第三步表示控制面子损失后行为歧视和感知价值对旅游意愿的影响，感知价值对旅游意愿有显著影响，但是行为歧视对旅游意愿没有显著的影响，Sobel 检验值为 4.006，P < 0.01，说明感知价值在行为歧视对旅游意愿的影响中起到完全中介的作用。表 5 – 16 右边第一、第二步表示态度歧视对旅游意愿和感知价值的影响系数显著，第三步表示控制感知价值后态度歧视和感知价值对旅游意愿的影响，它们都达到显著水平，Sobel 检验值为 3.163，P < 0.05，说明感知价值在态度歧视对旅游意愿的影响中起到部分中介作用。

表 5 – 16　　　　　　　　感知价值的中介效应检验

行为歧视（x），感知价值（u），意愿（y）		态度歧视（g），感知价值（u），意愿（y）	
第一步，$y = -0.267^{***} x$	SE = 0.034	第一步，$y = -0.377^{***} g$	SE = 0.059
第二步，$u = -0.342^{***} x$	SE = 0.134	第二步，$u = -0.311^{***} g$	SE = 0.091
第三步，$y = -0.078^{n.s} x$	SE = 0.166	第三步，$y = -0.179^{**} g$	SE = 0.162
$+0.451^{***} u$	SE = 0.106	$-0.187^{*} u$	SE = 0.122

注：*** 表示显著性水平为 0.001，** 表示显著性水平为 0.01，* 表示显著性水平为 0.05，n.s P > 0.05。

5.4.7　权力感的调节效应检验

为了探索权力感对歧视知觉对面子损失的调节作用，先把权力感分为两组，我们对权力感分值进行平均，均值为 3.654，高于均值的高权力感（365 人）和低权力感（352 人）。从表 5 – 17 可以看出这两组的拟合值达到了最低标准，高/低权力感的路径系数，行为歧视和态度歧视在高权力感组和低权力感组都会对面子损失产生影响，从路径系数我们也可以发现高权力感组态度歧视和行为歧视对面子损失产生的影响要高于低权力感组。（行为歧视→面子损失：0.254 > 0.198；态度歧视→面子损失：0.225 > 0.171）

表 5 – 17　　　　　　高/低权力感组的拟合值与路径系数

假设路径关系	总体模型		低权力感		高权力感	
	路径系数	C. R.	路径系数	C. R.	路径系数	C. R.
行为歧视→面子损失	0.214 ***	4.953	0.198 **	4.213	0.254 ***	5.431
态度歧视→面子损失	0.205 ***	4.443	0.171 **	4.110	0.225 *	4.662

模型拟合值
低权力感组：$\chi^2/df = 1.85$，RMSEA = 0.025，GFI = 0.943，AGFI = 0.888，CFI = 0.926，NFI = 0.956
高权力感组：$\chi^2/df = 1.75$，RMSEA = 0.050，GFI = 0.961，AGFI = 0.976，CFI = 0.929，NFI = 0.921

注：*** 表示显著性水平为 0.001，** 表示显著性水平为 0.01，* 表示显著性水平为 0.05。

接着，尝试对高/低权力感组的模型进行恒定性检验，以此来进一步分析检验在高权力感组和低权力感组的样本间是否具有显著性差异（见表 5 – 18）。恒定性检验是检验模型在不同样本间是否具有显著性差异的方法，按照条件限制逐渐苛刻，可分为模型形态相同检验、因子负荷等同检验、误差方差等同检验、因子方差等同检验和因子协方差等同检验（赵建彬等，2013）。由于本书只需检验权力感对原假设路径系数的影响效应，故只进行前两种检验。首先是模型形态检验，模型的拟合值都达到标准，说明模型对高/低权力感组具有普适性。其次因子载荷恒定检验，虽然模型的拟合值很好，但是在0.001显著水平上具有统计意义，表明因子载荷恒定没有通过检验，在高/低权力感组，路径系数发生了变化。最后检验哪些系数发生了变化，态度歧视到面子损失路径系数检验，把该系数在恒定型检验中保持不变，其他路径为自由估计，那么在0.05显著水平上具有统计意义，表明该路径系数发生了显著变化，同理，在行为歧视到面子损失路径系数也发生了显著变化。

表5－18　　　　　　　　　　模型恒定性检验

拟合指标	χ^2/df	χ^2	RMSEA	GFI	AGFI	CFI	NFI	$\Delta\chi^2$
模型形态检验	1.87	345.5	0.02	0.912	0.923	0.912	0.945	—
因子载荷等	1.84	345.4	0.03	0.913	0.904	0.912	0.946	27.7***
行为歧视→面子损失	1.85	345.3	0.02	0.913	0.903	0.912	0.945	14.4***
态度歧视→面子损失	1.84	349.3	0.02	0.913	0.903	0.913	0.946	13.3**

注：***表示显著性水平为0.001，**表示显著性水平为0.01，*表示显著性水平为0.05。

权力感对歧视知觉对感知价值的调节作用。从表5－19可以看出这两组的拟合值达到了最低标准，高/低权力感的路径系数，行为歧视和态度歧视在高权力感组和低权力感组都会对感知价值产生影响，从路径系数我们也可以发现高权力感组态度歧视和行为歧视对感知价值产生的影响要高于低权力感组。（行为歧视→感知价值：0.276>0.204；态度歧视→感知价值：0.255>0.187）

表 5 - 19　　　　　　　　　高/低权力感组的拟合值与路径系数

假设路径关系	总体模型		低权力感		高权力感	
	路径系数	C. R.	路径系数	C. R.	路径系数	C. R.
行为歧视→感知价值	-0.254***	-5.45	-0.204**	-4.213	-0.276***	-5.965
态度歧视→感知价值	-0.233***	-4.785	-0.187**	-4.143	-0.255**	-4.756

模型拟合值

低权力感组：$\chi^2/df = 1.89$，RMSEA = 0.023，GFI = 0.945，AGFI = 0.905，CFI = 0.965，NFI = 0.977

高权力感组：$\chi^2/df = 1.94$，RMSEA = 0.026，GFI = 0.933，AGFI = 0.943，CFI = 0.936，NFI = 0.948

注：*** 表示显著性水平为 0.001，** 表示显著性水平为 0.01，* 表示显著性水平为 0.05。

接着，尝试对高/低权力感组的模型进行恒定性检验，以此来进一步分析检验在高权力感组和低权力感组的样本间是否具有显著性差异（见表 5 - 20）。首先是模型形态检验，模型的拟合值都达到标准，说明模型对高/低权力感组具有普适性。其次因子载荷恒定检验，虽然模型的拟合值很好，但是在 0.001 显著水平上具有统计意义，表明因子载荷恒定没有通过检验，在高/低权力感组，路径系数发生了变化。最后检验哪些系数发生了变化，态度歧视到感知价值路径系数检验，把该系数在恒定型检验中保持不变，其他路径为自由估计，那么在 0.05 显著水平上具有统计意义，表明该路径系数发生了显著变化，同理，在行为歧视到感知价值路径系数也发生了显著变化。

表 5 - 20　　　　　　　　　　模型恒定性检验

拟合指标	χ^2/df	χ^2	RMSEA	GFI	AGFI	CFI	NFI	$\Delta\chi^2$
模型形态检验	1.87	376.3	0.03	0.923	0.943	0.918	0.936	—
因子载荷恒等	1.85	377.2	0.03	0.924	0.944	0.918	0.937	28.4***
行为歧视→感知价值	1.85	379.5	0.03	0.923	0.944	0.919	0.936	15.5***
态度歧视→感知价值	1.87	376.6	0.02	0.925	0.943	0.918	0.936	12.9**

注：*** 表示显著性水平为 0.001，** 表示显著性水平为 0.01，* 表示显著性水平为 0.05。

5.5 本章小结

通过构建游客歧视知觉与旅游意愿的研究模型，研究表明：行为歧视和态度歧视对游客的购买意愿会产生消极的影响；该影响是通过面子损失和感知价值的作用，即，行为歧视和态度歧视会提高游客面子损失和降低游客感知价值，当面子损失越多和感知价值越少，游客旅游意愿越低；个体的权力感会调节行为歧视和态度歧视对面子损失和感知价值的影响水平，相对于低权力者，高权力者面对歧视时，感受到面子损失更多，感受到服务价值损失更多。

本书对旅游服务企业有启示作用。首先，要减少游客在旅游过程中的歧视知觉。对于企业管理者来讲，意味着要招聘一些素质高的员工，加强对一线员工的培训，让旅游服务人员能够自主地以最好的服务提供给游客。其次，要提高服务质量，把服务标准化，制定一些服务标准以减少旅游服务人员主观性的服务，比如，接待游客的服务性语言、服务动作、服务表情、微笑标准等，做到以统一的服务标准面对所有的游客。再次，关注到游客的面子，我们国家文化具有面子因素，有些游客，如权力感高的人，具体如官员、企业管理人员等，旅游服务人员要尽量维护他们的面子问题，这也要求企业管理者对于这些特殊的游客要特别关照，他们对旅游服务人员的歧视知觉更加敏感。最后，旅游企业管理者应该尽量增加游客的感知价值，虽然游客歧视知觉会降低他们的服务价值感知，但是，叶等（Ye et al.，2012）认为提升游客其他方面的感知价值补偿因为歧视知觉所带来的负面影响，即，旅游企业管理者应该提升服务场所的有形展示，提高服务中的有形价值，稀释歧视知觉所带来的负面影响。

第 6 章

游客歧视知觉对旅游
决策的影响机制

社会科学研究表明众多服务领域存在服务人员对顾客的歧视行为。在顾客体验服务时，存在服务人员歧视行为的服务约有1%～5%的比例（Walsh，2009）。在现实生活的商业服务中，顾客遭受服务人员歧视已经不可避免，比较容易发生歧视的服务领域有：汽车4S体验店、不动产销售、保险申请和企业金融服务、医疗服务、餐馆和出租车服务等（Klinner & Walsh，2013）。315网站对国内企业的服务水平进行调查时，搜寻了10个典型投诉事件，涉及的投诉侧重于高交互性的行业，比如餐饮、银行、医疗、旅游等，其中有几个就涉及服务人员对顾客的歧视，比如这些投诉事件："她听后说，'对你这样没有素质的人就这态度！'""她满不在乎地对我语言辱骂，令我在同属顾客中非常没面子，感到难堪""服务人员用轻蔑的眼光看着我说：倒，就倒你一杯！"，等。"那个门卫态度恶劣，还用广东话骂我们！""当我摔倒后，在旁的服务员没有一个把我扶起来"等（杜建刚和范秀成，2012）。

已有研究对顾客歧视行为的影响因素进行了详细分析，如年龄、性别、肤色、信仰、外貌、残疾、同性恋等是导致服务人员歧视顾客的一些常见因素，不过，很少学者研究歧视知觉的潜在破坏以及影响结果（Walsh，2009），仅有几篇研究也是聚焦于种族歧视，如黑人消费者的歧视。拉扎勒斯（Lazarus，1984）研究显示，顾客歧视知觉会使个体处于应激状态并导致一系列的压力反应。鲁杰罗和泰勒（Ruggiero & Taylor，1997）研究显示歧视会让个体感到他人对待自己的方式主要受外在的、无法改变的因素影响。一旦意识到事情的结果主要取决于个人无法控制的因素，个体会逐渐感到不能决定自己的命运，并认为未来的事情将不受自己控制，从而产生巨大的无助感或丧失感，带来一系列的心理问题。达利和法西奥（Darley & Fazio，1980）研究也显示长期受到歧视的个体，最终会把他人的偏见态度内化为自己的观点，从而影响个体的自我价值感。因此，有必要了解游客歧视知觉后的心理反应以及行为结果，启示服务企业管理者提高服务水平。以矿业旅游市场的游客为研究对象，在中国面子文化背景下，探讨游客知觉歧视的心理反应以及对消费决策的影响。

6.1 研究模型与假设

6.1.1 歧视知觉与消费决策

"歧视"一词表示了个体因为缺陷或特定社会群体特征而遭受到的排斥行为。研究社会问题的专家最早关注了歧视行为，作为社会人的个体，习惯于群居生活，出现了社会群体组织，那么，个体会以某些社会特征（如社会地位）为边界，划分出内群体和外群体两个群组。根据社会认同理论，个体对群体水平特征认知容易出现偏差，易于认同内群体特征和排斥外群体特征，其结果是该个体可能对外群体成员产生歧视行为（Walsh，2009）。在商业服务领域，服务人员根据消费者群体特征差异，存在对内群体喜爱和对外群体讨厌的情绪，导致提供有差异顾客服务（Cherrington et al.，2015），这种不公平的服务或有缺陷的体验造成顾客产生歧视知觉。但是，有一点必须强调，如果企业根据顾客价值或者其他经济利益而对顾客群体调整服务水平，比如价格歧视，则不属于本书所讨论的游客歧视，诸如价格歧视属于企业理性考虑后为了实现利益最大化的行为，可以认为是客观行为，但游客歧视则是服务人员感性的主观偏好行为。

游客歧视是旅游服务人员根据群体成员身份提供不同水平的服务。已有研究表明年龄、性别、肤色、信仰、外貌等因素易于导致歧视（Cherrington et al.，2015；King et al.，2006；Bennett & Daddario，2015），同时在种族、年龄、同性恋、宗教信仰、残疾、性别等六大领域展开相关研究（Crockett et al.，2003；Warner et al.，2004；Baldwin & Johnson，2000）。消费者明显的特征易于遭受到服务人员的歧视，获得有差异的服务体验。其实，个体在很多方面都会让他感到成为歧视对象，包括与他人的互动交流限制，存在敌意的购物环境（Brumbaugh & Rosa，2009）。斯格瑞尔等（Schreer et al.，2009）进一步扩大歧视知觉的概念范围，认为只要是冒犯性的服务都有可能让游客感到歧视，比如，存在特别监视人员，拒绝支票或信用卡，根据社会经济地位或种族等视觉标签要求游客在结账时填写额外的表格，虽然这些不是服务人员有意的行为，但游客容易感受到区别对待的服务，即使该服务有利于他们，也容易产生歧视知觉。

布伦博和罗莎（Brumbaugh & Rosa，2009）归纳出服务人员对他人进行歧视的原因主要是因为存在两个心理优势：经济优势和社会优势。经济优势容易产生歧视行为，比如，服务人员的生活环境或工作环境质量要好于消费者，产生心理与生理优势权或支配权，成为歧视他人的资本；社会优势也容易产生歧视行为，如服务人员感知到自己的社会地位、职业、尊重等多元化特征要好于消费者，同样可以产生心理与生理优势权或支配权，成为歧视他人的资本。

根据歧视强度和显性水平，奥尔波特（Allport，1954）把歧视行为分为5种等级：言论攻击、回避、歧视、人身攻击和灭绝。克林纳和沃尔什（Klinner & Walsh，2013）通过定量分析认为游客知觉的歧视行为分为公然歧视、服务绩效歧视和微妙歧视三种形式，服务绩效歧视是对不同游客群体采用不同的服务水平。在奥尔波特（Allport）的研究时代，公开歧视是一种很普遍的现象，但是随着社会群体间关系的变化和企业服务管理规定的不断完善，歧视也从公开形式变化为微妙形式。由于害怕受到解雇的惩罚，服务人员不会对特殊群体公然表达负面态度，但可能更多采用不易发现的微妙形式（Schreer et al.，2009）。另外，严格上讲，克林纳和沃尔什（Klinner & Walsh，2013）认为的服务绩效歧视，也应该属于微妙歧视，是服务人员冷淡处理游客诉求。因此，歧视知觉可以分为公然歧视和微妙歧视，但是考虑到公然歧视形式在现实生活中比较少见，所以主要研究微妙歧视对游客旅游行为的影响。

游客在旅游服务体验时遭受歧视会让游客产生一系列的负面情绪，诸如认知、愤怒、悲伤和丢脸等情绪，最终让他们感到难堪和丢失信心（Walsh，2009）。歧视知觉也会影响顾客的消费行为，在对消费者使用零售业发放的优惠券的研究中，布伦博和罗莎（Brumbaugh & Rosa，2009）发现服务人员的歧视会让消费者感到难堪，并最终影响优惠券使用意愿。顾客感知歧视时会激发沮丧和无助等负面情绪，产生不满意感（Liljander，Strandvik，1997），对企业的口碑和重游意愿下降（Klinner & Walsh，2013）。即歧视知觉显著地影响游客的消费决策。基于以上分析，提出以下假设。

假设6-1：歧视知觉对负面口碑有积极影响；

假设6-1a：行为歧视对负面口碑有积极影响；

假设6-1b：态度歧视对负面口碑有积极影响；

假设6-2：歧视知觉对重游意愿有消极影响；

假设6-2a：行为歧视对重游意愿有消极影响；

假设6-2b：态度歧视对重游意愿有消极影响。

6.1.2 歧视知觉与面子意识

社会认同理论认为面子起源于中国特有的文化。在人际交往过程中，所形成的群体关系影响了人们对自我的认知，产生自我概念，同时也影响情感和价值观。通过社会比较，人们把社会群体划分为与自己同质的内群体和异质的外群体，通过与外群体组织比较能够获得积极的区别，可以维持和提高社会认同，加强自尊（Ye et al.，2012）。人们比较看重他人所认可的社会属性以及形象认知，同时也在乎他人对自我形象的认知，而这种他人认可的社会价值或形象，就成了人们关注的面子问题。其实，面子是一个复杂的感受系统，可以是人们在社会群体中所拥有的地位、角色、被人接受的行为操守以及他人的尊重和恭敬（Soch & Kaur，2015），也可以是社会尊严、特别待遇、行为标准、期望和互应性（郭晓琳和林德荣，2015）。不过这些复杂感知系统可以区分为两部分内容：一是社会内容，比如，尊严、声誉和地位等；二是心理内容，比如，自我形象认知和展露。

汪涛和张琴（2011）认为面子的产生是通过交换系统和认知系统。（1）互动交换会产生面子，根据资源交换理论，人类可以交换资源有6种类型：爱、地位、信息、钱、商品和服务。面子作为一种社会资源，可以通过交换而产生，比如通过积极的人际互动，人们可以获得地位、尊严，获得面子（郭晓琳、林德荣，2015），当然，如果互动质量很差，则会感到没有面子。（2）个人认知产生面子意识，在某特定的情境（服务情景）中，人们会对面子获得量进行计算，例如，人们会根据期望不一致理论，对面子进行计量，得出期望获得的面子总量和实际获得的面子总量，量化的面子容易比较，如果期望的面子总量高于实际的面子总量，意味着该个体没有面子，如果期望的面子总量小于实际的面子总量，则该个体有面子。

对以上两个系统进行分析可知，不论是交换系统还是认知系统，面子来源于人与人之间的关系，尤其是互动关系。如果在人际互动中没有满足交换需求，人们会根据期望不一致的范式进行计算，感到自我形象或者尊重遭受威胁，意味着面子丢失（Okunishi et al.，2015）。廖和邦德（Liao & Bond，2010）认为在服务过程中有五件事可能会导致游客没有面子，人际交往缺乏、蔑视和贬低（他人歧视）、自我能力低下、行为失误以及负向认知等。游客遭受服务人员的歧视属于蔑视和贬低，按照面子交换系统，游客感到资源遭到损失，社会地位受到威胁，没有尊严，感到面子丢失；按照认知系统，服务人员的歧视，是一种对自己的蔑视和贬低，没有获得服务人员的认同，与他人进行比较时明显感知到自我形象受损，从而知觉到没有面子。基于以上分析，提出以下假设。

假设6-3：歧视知觉会积极影响面子损失；

假设6-3a：行为歧视会积极影响面子损失；

假设6-3b：态度歧视会积极影响面子损失。

6.1.3 面子意识与消费决策

消费者丢失面子后，会影响其随后的行为。杜建刚和范秀成对商店顾客的面子问题研究时，发现如果顾客在购物过程中丢失了面子，会引发负面情绪，比如难堪、愤怒、无助等，并产生抱怨行为。由于人们对面子的关注程度不同，会出现争面子和护面子两种行为，争面子就是为了获取面子，获得积极的自我形象；而护面子是为了避免面子丢失，不想被人看不起（张正林和庄贵军，2008）。顾客在服务体验时遭受歧视会让顾客产生一系列的负面情绪，诸如愤怒、悲伤和丢脸等情绪，最终让他们感到难堪和丢失信心（郭晓琳和林德荣，2015）。那么，在服务过程中感知到面子丢失，为了争取面子或护住面子，按资源交换理论，顾客会采取对服务人员的反制措施，向他人抱怨，再次购买该产品的意愿下降。即面子损失显著地影响游客的消费决策。基于以上分析，提出以下假设。

假设6-4：面子损失对负面口碑有积极影响；

假设6-5：面子损失对重游意愿有消极影响。

6.1.4 自我构建的调节作用

自我建构是个体在日常社会交往中采用何种方式来连接他人。研究者一致认为个体在社会交往中与他人建构的连接方式有两种类型：独立自我建构和依存自我建构，水平不同的个体的偏好或社会行为也存在差异：独立、自由、成就感是独立型个体追求的目标；与他人的连通性、一致性以及和谐性则是依存型追求的目标。马库斯和北山（Markus & Kitayama，1991）认为个体采用哪种建构水平会受文化的影响，例如，亚洲文化倾向于强调相互依存的重要性，个体的群体关系亲密度会影响其社会地位；西方文化则倾向于强调独特性和自由性的重要性，个体行为准则是满足自我独特性和自由。查尔斯沃思等（Charlesworth et al.，2015）

认为自我建构水平不仅是文化的因素，而更多是个体的角色因素，是个体内在的特征，同一文化都有可能存在依存和独立取向的个体。实际上，过去在社会心理学文献中也认为个体可能同时拥有独立建构和依存建构（Charlesworth et al.，2015；Oruclular & Bariskin，2015）。由此可见，自我建构水平不一定受到文化的影响，还可以是个体内在的特征，可以把游客分为独立型游客和依存型游客。

自我建构水平会影响游客的目标追求和决策判断。在目标追求时，独立型游客偏好自主、成就以及成功的目标，依存型偏好归属、义务和责任的履行等目标（Aaker & Lee，2001）。在决策判断时，独立型个体具有冒险精神，看重主观规范，选择独特品牌产品的意愿高，并且购物时更冲动（Zhang & Shrum，2009），比较重视自我，在决策判断时对结果内容的关注程度要远高于对情境因素的关注程度（Krishna et al.，2008），因此，这类人很少顾及他人的意见或建议（Oruclular & Bariskin，2015）；依存型游客则重视与他人的关系，在决策判断时关注情景的内容要多于关注结果的内容（Krishna et al.，2008），会积极评价人际的网络关系，愿意遵从他人的观点（Oruclular & Bariskin，2015），在财务决策时，更加希望得到人际关系网络（如朋友、亲戚）的支持（Charlesworth et al.，2015）。

由此可见，独立型游客不容易受到他人的影响（可以是积极的影响或者是消极的影响），另一方面来说，服务人员对他们的歧视行为，他们可能更多采取漠视的策略，因为他们遵循的是自我主观意愿，追求自我成功，即，他们聚焦于购买服务产品价值而非人际价值，感受不到服务体验或价值的降低，对企业的负面口碑更少以及重游意愿下降程度更小。反之，依存型游客在消费选择时容易受到他人的影响，这类消费者对人际关系比较敏感，服务人员对他们的歧视行为，他们可能过多专注服务人员的负面影响，容易忽视服务中的其他价值，如产品价值，产生服务体验差的知觉，最后形成较差负面口碑，不愿意再次购买。因此，自我建构水平会调节歧视知觉对负面口碑、重游意愿以及面子损失的影响。即知觉歧视时，相对于依存型游客，独立型游客的消费决策存在差异。基于以上分析，提出假设如下。

假设6－6a：知觉行为歧视时，相对于依存型游客，独立型游客的面子损失更少；

假设6－6b：知觉态度歧视时，相对于依存型游客，独立型游客的面子损失更少；

假设6－7a：知觉行为歧视时，相对于依存型游客，独立型游客的负面口碑更少；

假设6－7b：知觉态度歧视时，相对于依存型游客，独立型游客的负面口碑更少；

假设6－8a：知觉行为歧视时，相对于依存型游客，独立型游客的重游意愿更高；

假设6－8b：知觉态度歧视时，相对于依存型游客，独立型游客的重游意愿更高。

根据以上理论分析和研究假设，构建游客歧视知觉认知机制行为的研究模型，如图6－1所示。

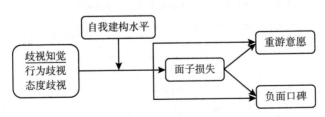

图6－1　歧视知觉认知机制行为模型

6.2 研究设计与数据收集

6.2.1 变量测量

依据文献一般原则和步骤对本问卷进行设计（Gilbert & Churchill，1979）。在消费者歧视知觉测量量表基础上，首先，通过文献研读，提取模型中其他变量的测量指标并形成初始测量量表。其次，在专家的指导下修正量表。最后，对修正后的量表进行前测并根据结果再次修正部分题项。采用 Likert 7 级量表对问卷主体部分的问题项进行衡量，受调查者选择 1（非常不同意）到 7（非常同意）对各项问题进行打分。最终形成的测量指标内容及其来源如表 6-1 所示。

表 6-1　　　　　　　　　　测量指标及来源

因子	指标	指标内容	来源
行为歧视（BD）	BD1	旅游服务人员经常让我等很久	本书整理设计
	BD2	旅游服务人员根本不理会我的需求	
	BD3	旅游服务人员经常离我很远	
	BD4	旅游服务人员根本不理会我的问题	
	BD5	旅游服务人员对我说出带辱骂性的语言	
	BD6	旅游服务人员对我有很强的防备行为动作	
态度歧视（AD）	AD1	旅游服务人员对我很傲慢	本书整理设计
	AD2	旅游服务人员对我表现出居高临下的态度	
	AD3	旅游服务人员对我表现出很不屑	
	AD4	旅游服务人员对我表现出厌恶	
	AD5	旅游服务人员对我的语气很强硬	
	AD6	旅游服务人员对我表现出漠视	

续表

因子	指标	指标内容	来源
面子损失 （FL）	FL1	我感到脆弱而且不能控制将会发生什么	Liao 和 Bond （2010）
	FL2	我感到威胁	
	FL3	破坏了我在公众的声望	
	FL4	损害了我的形象	
	FL5	伤害了我的自尊	
重游意愿 （RPI）	RPI1	我会考虑再次来该景点旅游	Hsu 和 Chan （2015）
	RPI2	我来该景点旅游的可能性很大	
负面口碑 （NW）	NW1	我会传播该景点的负面形象	Casidy 和 Shin （2015）
	NW2	我会跟朋友说该景点的坏话	
	NW3	当我朋友有需求时，我会告诉他们不要来该景点	
独立型自我 （IS）	IS1	如果单独给我奖励和赞扬，我会感觉到很自然	参照 Singelis （1994）
	IS2	我认为人们应该独特且与众不同	
	IS3	我应该不惜一切代价，去实现自己的目标	
	IS4	我认为在任何情境中，都应该坚持自己的想法	
	IS5	我认为人要自立自强、自给自足	
	IS6	在公众场合我敢于表达自己的意见	
依存型自我 （DS）	DS1	我认为应该视自己的身份与角色，表现适当的行为	参照 Singelis （1994）
	DS2	对我来说，尊重集体的决策很重要	
	DS3	我敬重那些很谦虚的人	
	DS4	我敬重与我打交道的权威人士	
	DS5	我愿意为我所在的集体牺牲自己的利益	
	DS6	我认为在组织内保持和谐非常重要	

　　本书研究选择矿业旅游市场为研究对象。（1）高互动服务情景。由于接触时间比较长，互动程度比较高，容易发生歧视行为，且频率和外显性比较高，而旅游市场属于高互动服务场景。（2）旅

游时由于个体是临时组成的一个团体，接触比较多，游玩、用餐、住宿等，个体在文化和社会规范上差异比较大，短期内很难相互适应，在互动过程中容易发生歧视行为。（3）按照调节焦点理论，休闲旅游促进型动机更为突出，主要基于感情和情绪进行决策，相对来讲情感机制作用更大一些。（4）之前的游客歧视知觉研究都是基于旅游服务员对游客的视角，游客对游客的研究几乎空白，而众多学者都指出了相应的研究展望（Crockett et al.，2003；Woodliffe，2004；Walsh，2009；Ye et al.，2012；Klinner & Walsh，2013）。为了对游客歧视进行更全面的研究，在服务员对游客歧视的基础上增加了游客对游客歧视行为的研究。（5）研究矿业旅游市场符合我国生态文明建设和绿色经济发展的要求。

6.2.2　研究样本

本书采用结构方程模型（SEM）对样本数据进行分析和验证，结构方程模型对样本容量有一定的基本要求，样本容量大小会影响到结构方程模型输出结果指数值以及数据分析的稳定性。通常情况下，有效样本容量要在 100 以上，如果样本容量小于 100，结构方程模型（SEM）相关分析会极其不稳定，一般中型样本容量要超过 200。如果想通过极大似然法对样本进行统计，那么至少需要一个中型以上样本（Joseph et al.，1998）。如果想采取 SEM 分析和验证样本数据，样本容量要达到 150 以上。戈萨奇（Gorsuch，1983）提出样本容量大小与样本测量指标数的比值至少要在 5∶1 以上的通用标准，比值在 10∶1 以上最好（黄芳铭，2005）。综合以上分析，本研究所需样本容量至少要符合以下两个条件：（1）有效样本容量要在 200 个以上。（2）有效样本容量是样本测量指标数的 10 倍以上。

由于歧视知觉是个体的主观感知，依赖于特定的消费互动情景，为了保证数据的真实性、准确性和时效性，本书采用街头访问法收集数据，在一些矿业旅游景点直接向就游客发放调查问卷。调查时间从 2017 年 8 月 1 日至 2017 年 8 月 27 日，收集问卷 800 份，其中有效问卷 753 份。有效率为 95.13%，表 6-2 为样本人口统计特征。在受访者中，30 岁以下占大多数，为 35.46%；男女比例均衡，分别为 48.34% 和 51.66%；收入 5000 元以下的人数居多，占 39.58%；样本的学历多数为大专及以下，占 68.93%；多数为公司职员，占比 33.73%。

表 6-2　　　　　　　　　　人口统计特征变量

样本特征	人数（%）	样本特征	人数（%）
30 岁及以下	267（35.46）	高中及下	265（35.19）
31~40 岁	227（30.14）	大专	254（33.74）
41~50 岁	135（17.93）	本科	158（20.98）
51 岁及以上	124（16.47）	研究生	76（10.09）
男	364（48.34）	学生	154（20.45）
女	389（51.66）	公司职员	254（33.73）
5000 元及以下	298（39.58）	事业单位员工	56（7.44）
5001~7500 元	251（33.32）	公司经理	127（16.87）
7501~10000 元	166（22.05）	公务员	39（5.18）
10000 元以上	38（5.05）	其他	123（16.33）

6.3　假设检验与数据分析

参照以往文献，本书分两个步骤对数据进行分析（Anderson，Gerbing，1988）。第一步，对测量模型进行 EFA（探索性因子分析）和 CFA（验证性因子分析），考察量表的信度和效度。第二步，分析结构模型，检验模型假设。

6.3.1 效度和信度检验

在进行探索性因子分析（EFA）之前，首先要计算 KMO 值及进行巴特立特球体检验。表 6-3 的检验结果显示 KMO 值为 0.92，Bartlett 检验值在 0.001 的水平上显著，表明数据适合进行 EFA。表 6-4 样本数据按特征值大于 1 的标准抽取了 7 个因子，累计解释了 67.07% 的方差。

表 6-3 　　　　　　　　　　KMO 和 Bartlett 的检验

取样足够度的 Kaiser—Meyer—Olkin 度量		0.92
Bartlett 的球形度检验	近似卡方	6472.40
	df	595
	Sig.	0

表 6-4 　　　　　　　　　　解释的总方差

成分	初始特征值			提取平方和载入		
	合计	方差的（%）	累积（%）	合计	方差的（%）	累积（%）
1.00	12.11	34.59	34.59	12.11	34.59	34.59
2.00	3.17	9.07	43.66	3.17	9.07	43.66
3.00	2.44	6.97	50.63	2.44	6.97	50.63
4.00	2.11	6.04	56.67	2.11	6.04	56.67
5.00	1.43	4.07	60.74	1.43	4.07	60.74
6.00	1.22	3.49	65.23	1.22	3.49	65.23
7.00	1.03	2.96	67.07	1.03	2.96	67.07
8.00	0.87	2.50	69.57			
9.00	0.83	2.37	71.93			

注：10～35 的特征根略，提取方法：主成分分析法。

采用 Cronbach's alpha 值检验模型变量的信度，当 $\alpha > 0.7$ 时，表示可信度良好。当 $0.5 < \alpha < 0.7$ 时，表示可信度一般。当 $0.5 > \alpha$ 时，表明可信度比较差。α 的计算公式如下。

$$\alpha = \frac{n}{n-1}\left[1 - \frac{\sum \sigma_i^2}{\sigma_T^2}\right]$$

其中 n 表示变量的测量项个数，σ_i^2 表示第 i 个测量项的方差（$i = 1, 2, \cdots, n$），σ_T^2 则表示整个变量的方差。

采用 AVE 值来检验测量项的收敛效度，当 $AVE > 0.5$ 时，表示收敛效度较好。AVE 的计算公式如下。

$$AVE = \frac{\sum \mu_i^2}{n}$$

其中 μ_i 表示第 i 个测量项的标准负载。

测量项的内部一致性采用 CR 来测量，当 $CR > 0.7$ 时，表示测量项的内部一致性良好。CR 的计算公式如下。

$$CR = \frac{\left(\sum \mu_i\right)^2}{\left(\sum \mu_i\right)^2 + n(1 - AVE)}$$

运用 SPSS20.0 对测量量表的 35 个题项进行探索性因子分析，分析结果显示，面子损失的一个因子载荷在每个公因子上的值都小于 0.5。剩下的因子在每个公因子上的载荷只有一个大于 0.5，其余的都小于 0.5。在每个公因子的载荷都小于 0.5，说明因子的特征不是很明显。因此，将这两个因子删除。最终得到一个包含 34 个相对稳定测项的量表。

表 6-5 显示了量表中所有测量指标的标准负载绝大部分都大于 0.7，除了重游意愿的 Cronbach's α 值（0.79）略小于 0.8 以外，其他变量的 Cronbach's α 值均大于 0.8，表明量表的信度良好。同时，除了重游意愿的 CR 值（0.78）略小于 0.8 以外，其他变量 CR 值均高于 0.8，表明量表具有良好的一致性。各因子的平均抽

取方差（average variance extracted，AVE）值均高于0.5，表明量表具有较好的收敛效度。

表6-5　　　　因子标准负载、AVE、CR 及 α 值

因子	指标	标准负载	AVE	CR	α
行为歧视（BD）	BD1	0.83	0.70	0.93	0.93
	BD2	0.82			
	BD3	0.90			
	BD4	0.84			
	BD5	0.81			
	BD6	0.81			
态度歧视（AD）	AD1	0.85	0.73	0.94	0.93
	AD2	0.83			
	AD3	0.84			
	AD4	0.85			
	AD5	0.88			
	AD6	0.89			
面子损失（FL）	FL1	0.76	0.61	0.88	0.89
	FL2	0.78			
	FL3	0.72			
	FL4	0.85			
	FL5	0.79			
重游意愿（RPI）	RPI1	0.83	0.64	0.78	0.79
	RPI 2	0.77			
负面口碑（NW）	NW1	0.85	0.66	0.85	0.85
	NW2	0.78			
	NW3	0.83			

续表

因子	指标	标准负载	AVE	CR	α
独立型自我（IS）	IS1	0.76	0.63	0.91	0.90
	IS2	0.79			
	IS3	0.79			
	IS4	0.75			
	IS5	0.83			
	IS6	0.84			
依存型自我（DS）	DS1	0.81	0.66	0.92	0.93
	DS2	0.82			
	DS3	0.81			
	DS4	0.78			
	DS5	0.85			
	DS6	0.82			

　　本书还检验了各潜变量的区分效度，潜变量可区分标准是要求他们之间的相关系数要小于 AVE 的平方根。表6-6显示了潜变量间的相关系数矩阵和 AVE 平方根，其中：对角线黑体的是 AVE 的平方根，对角线左下角的是潜变量间的相关系数，可知，表中显示的变量间相关系数值都要小于 AVE 平方根，说明各潜变量是可以区分。

表6-6　　　　　　　　相关系数矩阵与 AVE 平方根

因子	均值	标准差	行为歧视	态度歧视	面子损失	负面口碑	重游意愿	独立型自我	依存型自我
行为知觉	4.94	2.56	**0.84**						
态度歧视	5.34	1.45	0.43	**0.85**					
面子损失	4.56	2.71	0.34	0.53	**0.78**				
负面口碑	4.45	2.73	0.43	0.21	0.31	**0.80**			

因子	均值	标准差	行为歧视	态度歧视	面子损失	负面口碑	重游意愿	独立型自我	依存型自我
重游意愿	4.67	3.54	-0.37	-0.41	-0.17	-0.27	**0.81**		
独立型自我	5.32	1.87	-0.03	-0.17	0.23	0.11	-0.09	**0.79**	
依存型自我	5.43	2.53	0.05	0.07	0.08	0.07	0.05	0.43	**0.81**

注：对角线上的数据为各变量的 AVE 平方根值，其他数据为各变量间的相关系数。

采用验证性因子分析检验研究模型 7 个因子之间的区别效度，并对各种嵌套模型的拟合度进行检测。按照现行通用标准，使用 χ^2/df、GFI、IFI、CFI 和 RMSEA 五个拟合优度指标对研究模型进行整体适配度检验。一般情况下，当 $\chi^2/df < 2$ 时，表明研究模型拟合程度较好。同时，χ^2/df 值越小，表明模型拟合越好。当 GFI > 0.9 和 AGFI > 0.9 时，表明模型拟合程度较好。同时，当 GFI 和 AGFI 值越接近 1 时，表明模型拟合越好。当 IFI > 0.9 和 CFI > 0.9。表明模型拟合较好。同时，当 IFI 和 CFI 值越接近 1 时，表明模型拟合程度越好。当 RMSEA < 0.08 时，表明模型拟合较好。

接着进行验证性因子分析。使用 AMOS20.0 统计软件，检验 CFA 模型拟合效果的几个重要的拟合指数，模型的拟合指数如表 6-7 所示，表 6-7 显示除了 AGFI 值（0.89）略小于推荐值 0.9 以外，其他重要的拟合指数值都位于推荐值的范围之内，可见理论模型与实证数据具有较高的拟合度。

表 6-7 模型拟合指数推荐值及实际值

拟合指数	χ^2/df	GFI	AGFI	CFI	NFI	IFI	RMSEA
推荐值	<2	>0.90	>0.90	>0.90	>0.90	>0.90	<0.08
实际值	1.94	0.93	0.89	0.91	0.90	0.95	0.03

注：χ^2/df 为卡方值与自由度的比率，GFI 为拟合优度指数，AGFI 为调整的拟合优度指数，CFI 为比较拟合指数，NFI 为规范拟合指数，IFI 为增量适度指数，RMSEA 为近似误差的均方根。

　　同源数据可能会产生共同方法偏差，影响数据的效度。检验调查数据是否存在共同方法偏差的方法一般有两种方法。第一种方法是 Harman 的单因子检验法。将 34 个测项都用来做探索性因子分析，如果未旋转前的第一个因子方差解释率低于50%，说明收集的数据共同方法偏差程度很低，通过探索性因子分析，本书第一个因子方差解释率为 34.59%，低于50%。第二种方法是观察变量之间的相关系数，如果相关系数小于 0.9，说明可以排除共同方法偏差的影响，从表 6－6 中可知，本书变量间的相关系数的绝对值在 0.03～0.43，小于 0.9。可知，两种方法所做的检验可表明本书数据的效度不会受到共同方法偏差的影响。

6.3.2　模型检验

　　运用 AMOS 20.0 检验研究模型的路径系数和假设。首先是模型检验的适配性情况，模型检验的几个重要的拟合指数分别为：卡方值 = 543，自由度 = 285，RMSEA = 0.03，GFI = 0.91，AGFI = 0.92，CFI = 0.91，NFI = 0.92，这些值都高于最低适配标准的要求，说明模型拟合达到了要求。接下来是对研究模型的路径系数进行检验。表 6－8 列出了潜变量之间结构关系的标准化路径系数的估计值、T 值和假设检验结果。行为歧视和态度歧视知觉会积极影响负面口碑，影响路径系数分别为 0.32 和 0.41，假设 6－1a 和假设 6－1b 得到了验证；行为歧视和态度歧视知觉会负面影响重游意愿，影响系数分别为 -0.19 和 -0.11，假设 6－2a 和假设 6－2b 得到了验证；行为歧视和态度歧视知觉还会造成他们的面子损失，影响系数分别为 0.33 和 0.27，假设 6－3a 和假设 6－3b 得到了验证；但游客感到没有面子时，会积极产生负面口碑，影响系数为 0.17，而且还会降低重游意愿，影响系数为 -0.21，假设 6－4 和假设 6－5 得到验证。另外，就控制变量来看，游客产生的面子损失并没有受到性别、年龄、收入、学历和职业的影响。本章研究的假设检验结果如表6-8所示。

表6-8 基本假设验证结果

研究假设	路径系数	T值	验证情况
假设6-1a 行为歧视→负面口碑	0.32***	8.21	支持
假设6-1b 态度歧视→负面口碑	0.41***	10.65	支持
假设6-2a 行为歧视→重游意愿	-0.19***	-5.31	支持
假设6-2b 态度歧视→重游意愿	-0.11**	-3.52	支持
假设6-3a 行为歧视→面子损失	0.33***	8.36	支持
假设6-3b 态度歧视→面子损失	0.27***	6.73	支持
假设6-4 面子损失→负面口碑	0.17***	5.32	支持
假设6-5 面子损失→重游意愿	-0.21***	-5.16	支持
性别→面子损失	-0.01[n.s]	-0.15	
年龄→面子损失	-0.03[n.s]	-0.79	
收入→面子损失	0.04[n.s]	0.82	
学历→面子损失	0.03[n.s]	0.73	
职业→面子损失	0.08[n.s]	1.98	

注：*** $P < 0.001$，** $P < 0.01$，* $P < 0.05$，n.s $P > 0.05$，路径系数均为标准化系数。

6.3.3 调节检验

为了探索自我建构水平对游客歧视知觉影响结果的调节作用，本书把每个调查对象的独立型自我分值减去依存型自我分值，小于0的为依存型自我建构，大于等于0的为独立型自我建构，因此，调查数据可以分为两组，依存型自我组（392人）和独立型自我组（361人）。从表6-9可以看出这两组的拟合值都高于最低标准的要求，依存型/独立型自我组的路径系数都达到了显著水平且两组间存在较大的差异。

表6-9　　　　　　　　依存型/独立型自我组的拟合值与路径系数

假设路径关系	总体模型		依存型自我组		独立型自我组	
	路径系数	C. R.	路径系数	C. R.	路径系数	C. R.
行为歧视→面子损失	0.33***	8.36	0.37***	9.43	0.31***	7.26
态度歧视→面子损失	0.27***	6.73	0.34***	8.88	0.19***	5.54
行为歧视→负面口碑	0.32***	8.21	0.41***	10.34	0.25***	6.76
态度歧视→负面口碑	0.41***	10.65	0.49***	11.32	0.36***	9.33
行为歧视→重游意愿	-0.19***	-5.31	-0.25***	-6.79	-0.14***	-5.31
态度歧视→重游意愿	-0.11**	-3.52	-0.16***	-5.89	-0.10*	-3.43

模型拟合值
依存型自我组：$\chi^2/df = 1.93$，RMSEA = 0.04，GFI = 0.93，AGFI = 0.90，CFI = 0.94，NFI = 0.93
独立型自我组：$\chi^2/df = 2.01$，RMSEA = 0.04，GFI = 0.90，AGFI = 0.91，CFI = 0.91，NFI = 0.92

注：*** 表示显著性水平为 0.001，** 表示显著性水平为 0.01，* 表示显著性水平为 0.05。

接着，尝试对依存型/独立型自我组的模型进行恒定性检验（检验不同样本间是否具有显著性差异），以此来进一步分析检在依存型自我组和独立型自我组是否具有显著性差异。恒定性检验有五种方法：模型形态相同检验、因子负载荷等同检验、误差方差等同检验、因子方差等同检验和因子协方差等同检验。如果研究只涉及调节检验，模型形态相同检验和因子载荷等同检验就可以实现，因此，接下来本书将对研究模型做这两种检验。

按照顺序，首先做模型形态检验，如表6-10所示，表中列出的重要拟合指标值都在要求的范围内，说明模型对依存型/独立型自我组具有普适性，通过检验。其次做因子载荷恒定检验，虽然模型的拟合值很好，但是在0.001显著水平上具有统计意义，表明因子载荷恒定没有通过检验，同样的模型，依存型/独立型自我组的路径系数发生了变化。最后，根据研究目的，检验那些系数存在显著变化。歧视知觉影响面子损失的路径系数检验，把该系数在恒定型检验中保持不变，其他路径为自由估计，那么在 0.05 显著水平上具有统计意义，表明该路径系数发生了显著变化，同理，在行为歧视和态度歧视对负面口碑和重游意愿的影响路径系数在 0.05 水平上也发生了显著变化。依存型自我组的行为歧视和态度歧视对面子损失的系数（0.37 和 0.34）、负面口碑（0.41 和 0.49）和重构意愿（-0.25 和 10.16）的影响程度分别要高于独立型自我组的歧视知觉对面子损失（0.31 和 0.19）、负面口碑（0.25 和 0.36）和重构意愿（-0.14 和 -0.10）的影响。

表 6 -10　　　　　　　　　　模型恒定性检验

拟合指标	χ^2/df	RMSA	GFI	AGFI	CFI	NFI	$\Delta\chi^2$
模型形态检验	1.91	0.03	0.91	0.92	0.91	0.92	—
因子载荷恒等检验	1.92	0.03	0.91	0.92	0.91	0.92	35.4***
行为歧视→面子损失	1.92	0.03	0.91	0.92	0.91	0.92	3.5*
态度歧视→面子损失	1.91	0.03	0.92	0.92	0.90	0.92	5.4**
行为歧视→负面口碑	1.91	0.03	0.91	0.92	0.91	0.92	7.9**
态度歧视→负面口碑	1.92	0.02	0.91	0.92	0.91	0.91	6.4**
行为歧视→重游意愿	1.91	0.03	0.91	0.92	0.91	0.92	6.9**
态度歧视→重游意愿	1.91	0.03	0.92	0.92	0.90	0.92	5.3**

注：*** 表示显著性水平为 0.001，** 表示显著性水平为 0.01，* 表示显著性水平为 0.05。

本研究的假设检验具体结果如表 6 -11 所示。

表 6 -11　　　　　　　　　　假设检验结果

假设	假设内容	是否支持
假设 6 -1a	行为歧视对负面口碑有积极影响	是
假设 6 -1b	态度歧视对负面口碑有积极影响	是
假设 6 -2a	行为歧视对重游意愿有消极影响	是

假设	假设内容	是否支持
假设6-2b	态度歧视对重游意愿有消极影响	是
假设6-3a	行为歧视会积极影响面子损失	是
假设6-3b	态度歧视会积极影响面子损失	是
假设6-4	面子损失对负面口碑有积极影响	是
假设6-5	面子损失对重游意愿有消极影响	是
假设6-6a	知觉行为歧视时，相对于依存型游客，独立型游客的面子损失更少	是
假设6-6b	知觉态度歧视时，相对于依存型游客，独立型游客的面子损失更少	是
假设6-7a	知觉行为歧视时，相对于依存型游客，独立型游客的负面口碑更少	是
假设6-7b	知觉态度歧视时，相对于依存型游客，独立型游客的负面口碑更少	是
假设6-8a	知觉行为歧视时，相对于依存型游客，独立型游客的重游意愿更高	是
假设6-8b	知觉态度歧视时，相对于依存型游客，独立型游客的重游意愿更高	是

6.4　研究结论

　　服务经济时代，消费者更加注重消费过程中的服务质量，由于服务人员和游客在文化价值观、社会规范、特殊情景的理解以及游客本身因素等问题，导致服务人员提供服务时存在主观差别，而这种差别导致游客产生歧视知觉。当游客知觉到歧视时，会影响其以后的一系列消费决策。研究发现：（1）游客歧视知觉对负面口碑有积极的影响，当游客感知到旅游服务人员的服务存在差别，不论是微妙还是公开的差别，游客对旅游景点都会产生负面的形象，并对旅游景点传播负面口碑；（2）行为和态度歧视知觉对重游意愿产生消极影响，歧视知觉的游客愿意再次光顾的可能性变小，这与叶等（Ye et al.，2012）对旅游服务业歧视研究一样，游客下次有需求时，更愿意选择替代品牌或产品以满足需求；（3）面子损失是歧视知觉对消费决策产生影响的关键因素，在人际交互过程中，人们会产生面子意识，如果双方互动过程中可以相互尊重，面子需求得到了极大满足，反之，则面子损失。歧视知觉是游客感到旅游服务人员对自己的不尊重，让自己在丢失面子，考虑到失去面子的人会对对方产生负面的态度和行为，因此，歧视知觉的游客会积极传播负面口碑以及重游意愿下降；（4）建构水平不同调节歧视知觉对消费决策的影响，相对于独立自我建构的游客，歧视知觉对依存自我建构的游客的旅游决策的影响更加深远，这主要原因是依存自我建构的游客关注他人更多，在人际交往中更加敏感，知觉到歧视时感到面子损失更大，更愿意宣传旅游景点的负面口碑，再次购买的意愿更小，而独立自我建构的游客则是考虑自我需求，对人际不敏感，歧视知觉对行为或态度产生的影响相对较弱。

6.5　本章小结

本章针对消费者歧视知觉的认知机制的心理反应过程，在归纳和整理消费者歧视及应对策略的相关文献的基础上，基于消费者歧视知觉理论、面子理论、认知情感理论和顾客价值理论构建了消费者歧视知觉对消费决策的认知机制模型，探讨了歧视知觉如何通过面子认知对口碑和重游意愿产生影响的问题。同时检验了自我构建的调节作用。研究发现，游客的歧视知觉会积极影响负面口碑和消极影响重游意愿；面子损失感知是该影响的心理过程，即歧视知觉导致游客感到面子损失，面子损失积极影响负面口碑和消极影响重游意愿；自我建构水平会调节该影响，相对于独立型游客，依存型游客知觉歧视时，面子损失更大，负面口碑更多，重游意愿更低。

第 7 章

同属游客歧视知觉对游客
满意的影响机制

长期以来，营销理论的中心思想就是一切为了顾客，称顾客为"上帝"，但是，这种"上帝"也会做出有损服务生产或消费的行为（Huang，2008），例如，人民网 2016 年 3 月 18 日报道了一则消息，一位中国女乘客在维珍航空机上遭受其他乘客的种族歧视，被骂为中国猪。研究者把处于同一消费环境的多个游客互称为同属游客，把由于同属游客的原因而造成游客服务体验差的行为称为游客不当行为，并把这种同属游客称为不良游客。范广伟等（2013）认为游客不当行为是指在一定程度上扰乱服务功能的行为，可以是行为主体故意或无意的行为，行为影响的客体可以是服务人员或游客。根据行为的有意程度和客体对象，游客不当行为可以分为四种类型：针对服务人员无意的不当行为；针对游客无意的不当行为；针对服务人员有意的歧视行为和针对游客有意的歧视行为。

纵观不当行为研究，研究者主要集中在同属游客的无意不当行为研究，以及游客对服务人员的有意歧视行为研究，相对而言，同属游客对游客有意的歧视行为研究则相对较少，且非常零散。只关注了同属游客对游客有意歧视行为的原因，但对游客知觉同属游客歧视知觉后的心理反应以及行为结果，现有研究很少关注。实际上，这方面研究对提高旅游服务企业游客兼容性管理水平和游客服务满意水平非常重要，因此，有必要了解游客遭受同属游客歧视后的心理反应以及行为结果。本书选择矿业旅游服务为研究背景，根据"刺激（S）—有机体（O）—反应（R）"理论，认为游客在遭受同属游客歧视后会产生无助和沮丧的心理反应，并对旅游消费产生消极影响，另外，还探讨旅游服务人员移情水平的调节作用。通过本书可以丰富游客不当行为的研究内容，启示旅游服务企业提高服务水平，减少同属游客有意不当行为的负面影响。

7.1　相关概念界定

7.1.1　同属游客歧视知觉

在服务消费中，服务人员根据个人主观偏好，对相似群体水平特征的内群体游客提供高水平服务，而对差异群体水平特征的外群体游客提供低水平服务（Crockett et al.，2003）。这种不公正地对待外群体游客的服务行为或态度即为游客歧视，不过，游客在服务消费过程中，不仅与服务人员存在接触行为，还与同属游客存在接触行为。叶等（Ye et al.，2012）认为只要是高接触的旅游服务情境，游客之间就完全有可能知觉到歧视。很多学者在对顾客歧视的研究中都提到了和歧视行为有关的其他购物者的行为也值得研究，发现有些顾客受到的歧视和其他购物者的伤害行为有关（Crockeet et al.，2003；Woodliffe，2004；Walsh，2009；Klinner & Walsh，2013）。因此，在旅游服务消费情景中，游客与游客间也会存在歧视行为，本书认为同属游客歧视知觉是在消费过程中，同属游客由于主观偏好而采取不利于其他游客的行为或态度，比如：选择性地提供帮助或分享信息，优越感、不愿一起活动、缺乏信任，说话粗鲁，侮辱，跨文化交流产生的文化偏见等。

早期的歧视行为研究主要从优势群体（歧视方）视角进行，即，人们因为什么原因而歧视他人，这类研究归类为强势心理学研究。在消费过程中，多数研究者认为，游客的显性特征是遭受歧视的关键因素，比如，游客的年龄、性别、身体残疾（这里残疾是一个宽泛的概念，包括身体残疾、智力、肥胖以及外貌等）、种族以及同性恋等因素（Crockett et al.，2003）。布伦博和罗莎（Brumbaugh & Rosa，2009）认为个体容易歧视他人，主要是因为存在两种心理资本。一是经济资本，比如，游客之间交流过程中感知自己的生活或工作环境质量要高于歧视的对象，形成经济上的优势，拥有一定的支配权，从而产生心理与生理优势，成为歧视他人的资本；二是社会资本，主要是个体的社会地位、社会阶层、职业分工等多元化特征要好于歧视对象，产生心理上的优越感。

比特纳（Bitner，1994）在对酒店、餐饮、航空业员工进行调查并对700多个关键事件进行分析的基础上，发现22%的顾客不满事件是由同属顾客的不当行为引起的，顾客不当行为会引起同属顾客的不满（Grove & Fisk，1997）和极端报复性为（Huefner et al.，2000）。文贤（Wen‒Hsien，2008）运用归因理论对顾客不当行为对同属顾客的影响机理进行了探讨，其研究表明，如果顾客感到其他顾客的不当行为是服务企业可以控制的，则会将其他顾客的不当行为归咎于企业，这种归因会导致顾客对服务企业的满意度下降。服务结束后会积极主动地宣传企业的负面口碑，给企业经营带来不利的影响（Walsh，2009）。

7.1.2　游客情绪

情绪是个体内心表现的一个异常复杂的心理现象，源于对事件或思想评价的一种精神状态，是游客在旅游过程中由于目标物或相关环境刺激所产生的一系列心理反应，可以用肢体语言表达，例如，手势、姿势以及面部特征等。目前，心理研究者对情绪类别和心理过程存在不同的理解，出现情绪分类与情绪维度两大理论。

情绪分类理论认为个体心理存在几种独立型的情绪状态，比如，存在几种先天的、不学而能的和相对独立的基本情绪，包含悲伤、愤怒、恐惧、厌恶、惊讶和快乐等六种情绪，布兰妮艾卡等（Braniecka et al.，2014）认为情绪还存在独立情绪相互混合的复合情绪，即，基本情绪和后天认知评价相互作用而产生的情绪，如害羞、内疚等情绪。情绪维度理论认为情绪并不是相互分离的独立实体，而是模糊交叉的连续体，情绪间的界限很难界定清楚，各种情绪在几个基本维度上高度相关，研究者根据这些高度相关的维度，提出了不同的情绪模型，代表性理论有"唤醒—效价"模型，认为愉悦和唤醒两个维度就可以解释绝大部分情绪变异，任何情绪可能包含愉悦和唤醒内容。

许多研究人员支持情绪分类理论，并认为情绪维度理论在特定的消费情景下没有捕捉到复杂的情绪反应（景奉杰等，2013）。博登和汤普森（Boden & Thompson，2015）认为想要探析情绪的产生及作用机制，只从情绪维度入手是不够的，而严瑜和吴霞（2016）认为独立的离散状态情绪持续时间较短暂，受情境影响较大，因此，个体受到具体环境刺激时，更需要分析具体的离散状态情绪。本书认为游客在遭受同属游客歧视时，易于产生沮丧和无助等离散情绪反应。

7.1.3　游客满意

　　游客满意是指一种满足状态或者满足需求及欲望的行为，定义为特定产品或服务消费后的评价，是在旅游体验时游客对特定领域的态度集合（Rajesh，2013）。游客满意是游客作出旅游决策的关键内容，被认为是旅游公司维持竞争力的最主要的内容，能够积极影响旅游目的地选择、产品和服务消费。

　　满意产生于评价，拉杰什（Rajesh，2013）认为游客消费后的评价方式有三种：一种是认知评价，购买者所得是否可以抵消其所失；第二种是体验评价，服务人员提供的体验是不是与游客认为的一样；第三种是主观评价，对消费、服务以及体验结果所产生的好感度。实际上，拉杰什（2013）的三种评价说明表明游客满意是以前消费体验情绪与现在消费情绪不一致的心理状态，或者是产品或服务消费后获得的绩效与事前期望不一致的评价。因此，根据期望不一致或期望一致理论，游客满意是游客比较初始的期望和消费后的体验感觉（Coban，2012），如果感知体验绩效高于期望，游客满意程度高，反之，将被认为是体验不一致，游客感到不满意。

　　期望不一致理论可以很好地解释游客满意，但科雷亚等（Correia et al.，2013）认为游客满意不仅是产品或服务绩效与期望的平衡，还存在对游客内在需求、需要或欲望满足程度的评价。比如，拉杰什（2013）识别出期望对满意有强烈的影响，同时也证明欲望同样会影响游客满意。如果游客对于某个行为的评价可以满足其目的或欲望，那么，其就会在评价过程中形成"结果—欲望的满足"，从而产生满意，反之，其内心就会产生"结果—欲望的冲突"，从而产生不满意。科雷亚等（Correia et al.，2013）也认为游客满意的内容包含了内在动机是否满足。因此，本书认为游客满意不仅需要期望一致理论进行解释，还需要欲望一致理论理解游客满意，即，游客满意是期望一致的结果，也是欲望一致的结果。

7.2　研究模型与假设

7.2.1　同属游客歧视知觉与游客满意的关系

根据游客满意形成机制，当游客期望一致或欲望一致时，游客就会感到满意，即，如果旅游地的旅游景观基础设施、旅游环境和社会服务等方面满足游客旅游活动需求或欲望，游客就会感到满意（Kunjuraman et al.，2015）。例如，旅游目的地的基础设施（Hultman et al.，2015）、形象（Coban.，2012），以及环境（Kunjuraman et al.，2015）等会显著影响游客满意度。黄大勇和陈芳（2015）认为除了旅游目的地的硬件和软件服务会影响满意外，旅游过程中人的因素也是影响游客满意的关键要素。一些研究者也发现了游客与服务人员的关系（Ye et al.，2012）以及游客与当地居民的关系（郭功星等，2016）会影响旅游满意。

营销学的顾客满意理论研究发现，顾客之间的关系也是影响满意的关键因素，比如，比特纳等（Bitner et al.，1994）发现，顾客不满意的事件中，有22%是同属顾客不当行为造成的，崔准硕和植基姆（Joon Choi & Sik Kim，2013）认为同属顾客的质量，是否对自己友好会影响其对服务的满意水平，吴（Wu，2008）研究发现同属顾客的行为（如插队、大声喧哗等）会影响服务体验，降低顾客的忠诚度和满意度，布鲁纳等（Brunner – Sperdin et al.，2014）则以旅游服务为研究背景，发现游客与同属游客之间配合程度对合创旅游价值有积极的影响，进而影响满意度。顾客兼容性管理理论认为，顾客之间的交流不畅，会影响顾客的服务体验，进而导致顾客对服务的不满意，反之则满意（Martin，2016）。在旅游服务过程中，同属游客歧视知觉可以认为是游客之间的兼容性极差，被歧视的游客感受到了同属游客的主观冒犯，相互间的交流不畅，影响旅游服务体验，导致满意度下降。基于以上分析，提出以下假设。

假设7－1：同属游客歧视知觉会消极影响游客满意；

假设7－1a：同属游客行为歧视知觉会消极影响游客满意；

假设7－1b：同属游客态度歧视知觉会消极影响游客满意。

7.2.2 同属游客歧视与情绪反应

根据评价理论，情绪产生于个体对事件各维度的评价，而事件维度与目标的一致性，决定了情绪的效价（Gelbrich，2010）。当目标与事件一致时，个体产生积极情绪，不一致时，产生消极情绪。显然，同属游客歧视知觉与游客追求的旅游目标不一致，个体对同属游客歧视知觉将产生消极情绪。另外，迪米特尼亚（Demyttenaere，2013）认为个体遭受他人歧视时，会产生两种信息：一是回顾性信息，即，为什么歧视会发生，为什么歧视对象是我，而不是他人；二是前瞻性信息，即，这种行为以后是不是还会发生在我身上。

沮丧是个体的一种主观感受，是由于个体地位低下、忽视、限制或追求目标物受到阻碍而产生的情绪，属于回顾性情绪（Reed et al.，2015）。游客在遭受同属游客歧视后，产生回顾性信息，感知到自己不能完成旅游目标或追求目标物受到阻碍，进而产生沮丧情绪。一些研究也发现，个体受到歧视后会产生沮丧情绪，如，克林纳和沃尔什（Klinner & Walsh，2013）通过社会调查发现顾客知觉到歧视后，会产生沮丧情绪；叶等（Ye et al.，2012）实证发现歧视体验能够导致个体的情绪反应，诸如生气、厌恨或沮丧，比策尔和史密斯（Birzer & Smith - Mahdi，2006）研究非洲裔美国人的歧视体验时发现，歧视会产生诸如沮丧、生气、绝望和焦虑等情绪反应。

个体的无助情绪产生于未来不可控的事件。当人们重复体验到不取决于自己行为或努力的结果时，会觉得无法控制未来事件，产生无助情绪（Reed et al.，2015）。可知，无助是一种前瞻性情绪，产生于对未来进行选择的前瞻性评价。因此，游客在遭受同属游客歧视后，产生前瞻性信息，害怕这种歧视行为还会在自己身上发生，无助情绪油然而生。即同属游客歧视知觉显著影响游客消极情绪。基于以上分析，提出以下假设。

假设 7 - 2：同属游客歧视知觉对游客的沮丧情绪产生积极影响；

假设 7 - 2a：同属游客行为歧视知觉对游客的沮丧情绪产生积极影响；

假设 7 - 2b：同属游客态度歧视知觉对游客的沮丧情绪产生积极影响；

假设 7 - 3：同属游客歧视知觉对游客的无助情绪产生积极影响；

假设 7 - 3a：同属游客行为歧视知觉对游客的无助情绪产生积极影响；

假设 7 - 3b：同属游客态度歧视知觉对游客的无助情绪产生积极影响。

7.2.3 情绪反应与游客满意

博登和汤普森（Boden & Thompson，2015）对满意进行认知—情绪分析时，认为情绪在游客满意中起到非常重要作用。实际上，大多数的研究结论认为游客积极情绪与游客满意存在正相关关系，消极情绪与游客满意存在负相关关系，即，游客在旅游过程中的积极情绪越高，对旅游的满意度评价就越高，反之亦然。杜建刚和范秀成（2008）在对服务失败引发的游客情绪与满意研究时发现，失望、愤怒、郁闷和厌恶对游客满意有负向影响。另外，根据心理学的情绪稀释效应，在某一方面产生的消极情绪能够稀释其他方面的积极情绪强度，也就是说，不仅目标物刺激诱发的情绪对游客满意有直接影响，与目标物无关的信息所诱发的情绪也会对游客满意有直接的影响，例如，游客去饭店吃饭，进饭店前的情绪对就餐经历有积极的影响（韩晓芸，2004）。因此，同属游客（非直接相关刺激物）歧视所刺激产生的无助和沮丧情绪，会稀释旅游服务或体验（直接相关刺激物）所产生的积极情绪，进而降低游客整体的情绪水平，当游客情绪水平下降，满意度也会下降。所以，同属游客歧视产生的消极情绪会负向游客整体情绪水平，造成游客满意度下降。一些研究也表明无助和沮丧会负向影响游客满意程度。克林纳和沃尔什（Klinner & Walsh，2013）研究认为，无助和沮丧这两个情绪反应可以解释部分游客满意程度。格尔布里希（Gelbrich，2009）在对375位移动手机用户的问卷调查和对138位研究生进行实验研究发现，无助和愤怒这两个负面情绪对不满意有正向影响。福兰特等（Faullant et al.，2011）研究登山旅游满意时，发现无助情绪会消极影响游客的体验满意。赫斯等（Hess et al.，2003）实证得出服务中所遭受的沮丧会负向影响游客满意。结合非目标物刺激诱发的情绪会对目标物的满意产生影响，那么，同属游客歧视知觉刺激产生的无助和沮丧情绪也会影响游客满意水平。即游客消极情绪显著影响游客满意。基于以上分析，提出以下假设。

假设7-4：沮丧情绪对游客满意度产生消极影响；

假设7-5：无助情绪对游客满意度产生消极影响。

7.2.4　服务人员移情水平的调节作用

根据补偿理论，当游客感知到某方面受到损失时，从其他方面获得的利益可以补偿该方面损失。在游客间的接触研究中，研究认为服务人员行为是游客评价服务的关键因素。黄（Huang，2008）在研究同属游客不当行为与满意关系时，发现服务人员在纠正同属游客的不当行为时，游客对企业服务的不满意度很低，相反，如果服务人员没有纠正同属游客的不当行为，游客对企业服务的不满意度很高。同属游客歧视让游客产生消极情绪，如果服务人员能够给予情绪补偿，可以降低游客消极情绪所带来的影响。移情行为是服务人员对游客情绪状态的辨识和区分，设身处地理解游客的感受并产生与游客类似的情感反应。移情有认知和情感成分，认知内容是理解他人内心经历、感知以及从他人视角看待事情；情感成分是进入或加入他人经历和感受而产生的情感反应（Decety et al.，2016），如同情。常等（Chang et al.，2013）研究发现，服务人员的移情努力积极影响游客对服务水平的情绪感知，积极影响情绪产生的行为结果。里斯托夫斯基和沃特海姆（Ristovski & Wertheim，2005）研究刑事案件中的受害者补偿问题时，发现社会移情是一个影响补偿满意关键因素，移情水平作为一种情绪补偿，在高社会移情水平时，受害者的愤怒或绝望情绪水平会有所降低，会给予伤害者更多宽恕，原谅他们的伤害行为，并且受害者获得的补偿满意程度要比低移情水平时要高。麦格劳等（McGraw et al.，2015）研究游客抱怨时发现，游客对购买行为存在抱怨或不满时，如果能够得到他人的移情，那么，该抱怨产生的不满意水平会降低。同属游客歧视知觉让游客产生无助和沮丧情绪，格尔布里希（Gelbrich，2010）认为无助和沮丧虽然是消极情绪，但他们诱发的不是趋近动机，而是回避动机，即感到无助或沮丧的游客更愿意逃避目标物，倾向于寻求安慰。如果服务人员能够设身处地感受游客情绪，那么，游客可以得到某种安慰，减轻痛苦，宽恕同属游客歧视知觉，不满意水平降低（Roberts et al.，2014）。即服务人员的移情水平可以负向调节消极情绪对游客满意的影响。基于以上分析，提出以下假设。

假设7-6：服务人员的移情水平会负向调节沮丧情绪对满意的影响；

假设7-7：服务人员的移情水平会负向调节无助情绪对满意的影响。

基于以上文献回顾和研究假设，提出游客歧视知觉情感机制研究模型，如图7-1所示。

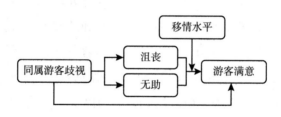

图7-1 游客歧视知觉情感机制模型

7.3 模型变量与数据收集

7.3.1 变量测量

本书研究的关键变量包括同属游客歧视、沮丧情绪、无助情绪、游客满意度和服务人员移情水平。为确保测量量表的信度和效度，本书参考了已有的成熟量表。同属游客歧视知觉参照沃尔什

（Walsh，2009）的测量量表，共 6 个题项；沮丧情绪参照邦德和汤普森（Boden & Thompson，2015）的测量量表，共 4 个题项；无助情绪参照叶等（Ye et al.，2012）的测量量表，共 3 个题项；游客满意测量参照科班（Coban，2012）的测量量表，共 5 个题项；服务人员的移情水平参考德赛蒂等（Decety et al.，2016）的测量量表，共 6 个测项。如表 7 - 1 所示。

表 7 - 1　　　　　　　　　　　测量指标及来源

因子	指标	指标内容	来源
行为歧视 （BD）	BD1	经常让我等很久	本书整理设计
	BD2	根本不理会我的需求	
	BD3	经常离我很远	
	BD4	根本不理会我的问题	
	BD5	对我说出带辱骂性的语言	
	BD6	对我有很强的防备行为动作	
态度歧视 （AD）	AD1	对我很傲慢	本书整理设计
	AD2	对我表现出居高临下的态度	
	AD3	对我表现出很不屑	
	AD4	对我表现出厌恶	
	AD5	对我的语气很强硬	
	AD6	对我表现出漠视	
沮丧情绪 （DM）	DM1	我感到不安	Boden 和 Thompson （2015）
	DM2	我感到沮丧	
	DM3	我感到气愤	
	DM4	我感到迷惘	
无助情绪 （HLM）	HLM1	我感到很无助	Ye 等（2012）
	HLM2	我感到无能为力	
	HLM3	我觉得自己被他人主宰	

续表

因子	指标	指标内容	来源
游客满意 （CS）	CS1	这是一个值得去参观的地方	Coban（2012）
	CS2	这次旅游实现了我的旅游目的	
	CS3	我对这次旅游感到很满足	
	CS4	这次旅游值得记忆	
	CS5	这次旅游达到了我的要求	
移情水平 （EL）	EL1	导游感受到我情绪感受	Decety 等 （2016）
	EL2	导游非常同情我的遭遇	
	EL3	导游对我非常有同情心	
	EL4	导游非常理解我的处境	
	EL5	导游与我一样的情绪感受	

7.3.2 研究样本

本书选择矿业旅游服务行业的散客团为研究对象，主要有三方面的原因：第一，旅游属于高互动行业，旅游服务过程中，游客相互之间接触时间比较长，从出发到回来，至少需要一天时间，相互之间存在很多互动，如语言互动，眼神交流等，这便有了歧视产生的条件；第二，散客团的游客多数是临时组团，相互之间不认识，且不同的游客的社会背景、文化风俗以及社会经济地位等存在差异，这些差异容易造成游客间不兼容，易于产生歧视行为；第三，据中国旅游网最新统计显示，中国游客已经由购物游转变为享受目的地文化和生活方式的生态文化旅游。即游客的感知价值由功利性提高到享乐性和象征性，研究此行业具有实际意义。

由于歧视知觉是个体的主观感知，依赖于特定的消费互动情景，为了保证数据的真实性和准确性，本书采用街头访问法收集数据，具体调查方法是与旅行社取得联系，获得一些散客团的信息，

在游客结束旅行时对他们进行问卷调查。调查时间从 2017 年 9 月
15 日至 2017 年 10 月 25 日，收集问卷 500 份，其中有效问卷 470
份。表 7 - 2 为样本人口统计特征。在受访者中，50 岁以下占大多
数，为 81.70%；男女比例均衡，分别为 47.87% 和 52.13%；收入
6000 元以下的人数居多，占 73.40%；样本的学历多数为大专及以
下，占 69.13%；多数为公司职员和学生，占比 48.73%。

表 7 - 2   人口统计特征变量

样本特征	人数（%）	样本特征	人数（%）
30 岁及以下	140 (29.79)	学生	104 (22.13)
31 ~ 40 岁	116 (24.68)	公司职员	125 (26.60)
41 ~ 50 岁	128 (27.23)	事业单位职工	45 (9.57)
51 岁及以上	86 (18.30)	公务员	34 (7.23)
男	225 (47.87)	自由职业	105 (22.34)
女	245 (52.13)	其他	57 (12.13)
3000 元及以下	175 (37.23)	高中及以下	204 (43.40)
3001 ~ 6000 元	170 (36.17)	大专	121 (25.73)
6001 ~ 10000 元	83 (17.66)	本科	124 (26.38)
10000 元以上	42 (8.94)	研究生	21 (4.47)

7.4 假设检验与数据分析

7.4.1 效度和信度检验

运用 SPSS 20.0 对测量量表的 30 个题项进行探索性因子分析，
分析结果显示，服务人员移情水平的一个测项在两个公因子上的载

荷大于 0.5，如果某个测项在两个及以上的公因子的载荷大于 0.5，说明该测项的因子特征不是很明显，因此，将这个因子删除。其余 29 个测项只在一个公因子上的载荷大于 0.5，其余公因子上的载荷小于 0.5。最终得到一个具有 29 个测项的相对稳定的量表。

接着使用 AMOS 20.0 统计软件进行验证性因子分析。按照现行通用标准，使用 χ^2/df、GFI、AGFI、IFI、NFI、CFI 和 RMSEA 七个拟合优度指标对模型进行整体适配度检验。一般情况下，当 $\chi^2/\mathrm{df}<3$ 时，表明研究模型拟合较好。χ^2/df 值越小，说明模型拟合程度越好。当 GFI >0.9 和 AGFI >0.9 时，表明模型拟合较好。当 GFI 和 AGFI 值越接近 1 时，表示模型拟合程度越好。当 IFI >0.9、NFI >0.9 和 CFI >0.9 时，表明模型拟合较好。当 IFI、NFI 和 CFI 值越接近 1 时，说明模型拟合程度越好。当 RMSEA <0.08 时，表明模型拟合较好。

模型的拟合指数如表 7-3 所示，所有的重要拟合指标值都位于推荐值的范围之内，可见理论模型与实证数据具有较高的拟合度。

表 7-3　　　　　　　　　　模型拟合指数推荐值及实际值

拟合指数	χ^2/df	GFI	AGFI	CFI	NFI	IFI	RMSEA
推荐值	<2	>0.90	>0.90	>0.90	>0.90	>0.90	<0.08
实际值	1.98	0.91	0.90	0.91	0.92	0.92	0.04

注：χ^2/df 为卡方值与自由度的比率，GFI 为拟合优度指数，AGFI 为调整的拟合优度指数，CFI 为比较拟合指数，NFI 为规范拟合指数，IFI 为增量适度指数，RMSEA 为近似误差的均方根。

表 7-4 显示了量表中除了 3 个因子的标准负载接近 0.7，其余测量指标的标准负载均大于 0.7。统计的最低要求是测量变量的同质信度和组合信度要高于 0.7，表 7-4 显示了各因子的 Cronbach's α 和 CR 值均高于 0.8，表明量表的信度良好。各因子的 AVE 值

（平均提取方差值，一般要求高于 0.5）均高于 0.5，表明量表具有
较好的收敛效度。

表 7 - 4 因子标准负载、AVE、CR 及 α 值

因子	指标	标准负载	AVE	CR	α
行为歧视（BD）	BD1	0.84	0.72	0.94	0.94
	BD2	0.85			
	BD3	0.87			
	BD4D	0.82			
	BD5	0.85			
	BD6	0.87			
态度歧视（AD）	AD1	0.84	0.71	0.94	0.93
	AD2	0.82			
	AD3	0.83			
	AD4	0.88			
	AD5	0.85			
	AD6	0.84			
沮丧情绪（DM）	DM1	0.87	0.68	0.90	0.89
	DM2	0.86			
	DM3	0.78			
	DM4	0.79			
无助情绪（HLM）	HLM1	0.79	0.68	0.87	0.88
	HLM2	0.84			
	HLM3	0.85			
游客满意（CS）	CS1	0.87	0.70	0.92	0.92
	CS2	0.85			
	CS3	0.84			
	CS4	0.84			
	CS5	0.78			

续表

因子	指标	标准负载	AVE	CR	α
移情水平 （EL）	EL1	0.83	0.64	0.90	0.89
	EL2	0.81			
	EL3	0.80			
	EL4	0.77			
	EL5	0.79			

采用比较各因子之间的相关系数与各个因子 AVE 平方根的大小检验判别效度。当各因子之间的相关系数小于各个因子 AVE 平方根时，表明判别效度较好。当各因子之间的相关系数大于各个因子 AVE 平方根时，则说明判别效度不理想。检验结果如表 7 – 5 所示，AVE 平方根最小值为 0.80（对角线的数值），相关系数绝对值最大值为 0.58（对角线左下角的数值）。即对角线黑体数字所显示的各个因子 AVE 平方根均大于其相应的相关系数，说明量表具有良好的判别效度。

表 7 – 5   相关系数矩阵与 AVE 平方根

因子	均值	标准差	行为歧视	态度歧视	无助情绪	沮丧情绪	游客满意	移情水平
行为歧视	4.32	1.89	**0.85**					
态度歧视	4.74	2.54	0.46	**0.84**				
无助情绪	4.73	1.90	0.43	0.38	**0.82**			
沮丧情绪	3.69	1.87	0.27	0.36	0.31	**0.82**		
游客满意	2.12	2.56	– 0.43	– 0.58	– 0.38	– 0.32	**0.84**	
移情水平	4.32	1.65	– 0.41	– 0.15	– 0.36	– 0.25	0.34	**0.80**

注：对角线上的数据为各变量的 AVE 平方根值，其他数据为各变量间的相关系数。

7.4.2 假设检验

运用 AMOS 20.0 对模型的路径系数和假设进行检验，首先是模型检验的适配性情况，模型检验的几个重要的拟合指数分别为：卡方值 = 404，自由度 = 208，RMSEA = 0.04，GFI = 0.91，AGFI = 0.92，CFI = 0.95，NFI = 0.91，这些值都高于最低适配标准，说明模型拟合得很好。接下来对研究模型的路径系数进行检验。潜变量之间结构关系的标准化路径系数的估计值、T 值和假设检验结果如表 7-6 所示的基本假设验证结果。同属游客行为歧视知觉和态度歧视知觉对游客满意有显著的负向影响，影响路径系数分别为 -0.23 和 -0.19，假设 7-1a 和假设 7-1b 得到了验证，同属游客行为歧视知觉和态度歧视知觉对游客的沮丧情绪有显著影响，影响路径系数分别为 0.35 和 0.29，假设 7-2a 和假设 7-2b 得到了验证；同属游客行为歧视知觉和态度歧视知觉对游客的无助情绪有显著影响，影响路径系数分别为 0.37 和 0.30，假设 7-3a 和假设 7-3b 得到了验证；沮丧情绪对游客满意有显著的负向影响，影响系数为 -0.301，假设 7-4 得到了验证；无助情绪对游客满意有显著的负向影响，影响系数为 -0.236，假设 7-5 得到了验证。另外，就控制变量来看，游客满意并没有受到性别、年龄、收入、学历和职业的影响。

表 7-6　　　　　　　　　　基本假设验证结果

研究假设	路径系数	T 值	验证情况
假设 7-1a 行为歧视→游客满意	-0.23 ***	-4.70	支持
假设 7-1b 态度歧视→游客满意	-0.19 **	-3.97	支持
假设 7-2a 行为歧视→沮丧情绪	0.35 ***	5.85	支持

研究假设	路径系数	T 值	验证情况
假设 7 - 2b 态度歧视→沮丧情绪	0.29 ***	5.17	支持
假设 7 - 3a 行为歧视→无助情绪	0.37 ***	6.56	支持
假设 7 - 3b 态度歧视→无助情绪	0.30 ***	5.04	支持
假设 7 - 4 沮丧情绪→游客满意	- 0.27 ***	- 4.95	支持
假设 7 - 5 无助情绪→游客满意	- 0.26 ***	- 4.91	支持
性别→游客满意	0.04 n.s	0.95	
年龄→游客满意	- 0.03 n.s	- 0.67	
收入→游客满意	0.06 n.s	1.54	
学历→游客满意	- 0.03 n.s	- 0.88	
职业→游客满意	0.04 n.s	0.94	

注：$***P < 0.001$，$**P < 0.01$，$*P < 0.05$，$n.s P > 0.05$，路径系数均为标准化系数。

7.4.3　调节效应检验

检验服务人员移情水平的调节用。通过移情水平与无助情绪、沮丧情绪的交叉相乘来检测移情水平的调节效应，所有项目在相乘之前都进行了中心化处理以减少多重共线性，检验结果如表 7 - 7 所示的调节效应检验。移情水平与沮丧情绪交叉相乘积对游客满意影响显著，影响系数为 - 0.16，$P < 0.05$，说明移情水平负向调节沮丧情绪对游客满意的影响，沮丧的游客在得到服务人员移情时的满意度要高于没有得到服务人员移情时的满意度，假设 7 - 6 得到验证。移情水平与无助情绪交叉相乘积对游客满意的影响显著，影响系数为 - 0.11，$P < 0.05$，无助的游客在有服务人员移情时的满意度要高于没有服务人员移情时的满意度，假设 7 - 7 得到支持。

表7-7   调节效应检验

因变量：游客满意		
变量名	系数	T值
沮丧情绪	-0.23***	-5.32
沮丧情绪×移情水平	-0.16*	-3.76
调整后 R^2	0.13	
无助情绪	-0.29***	-6.03
无助情绪×移情水平	-0.11*	-2.32
调整后 R^2	0.10	

注：*** 表示 $P<0.001$，** 表示 $P<0.01$，* 表示 $P<0.05$，n.s 表示 $P>0.05$。

7.4.4 中介效应检验

根据刺激（S）—有机体（O）—反应（R）理论，同属游客歧视知觉对游客满意的影响是通过情感反应产生作用。由前面研究模型路径系数的检验可以推知情绪反应应该会受到中介同属游客歧视知觉对游客满意的影响。按照赵等（Zhao et al.，2010）提出的中介效应检验程序，参照普里彻和海斯（Preacher & Hayes，2008）提出的可以用 Bootstrap 方法进行多个并列（两个以上）中介变量检验。以游客满意为因变量，同属游客歧视（合并行为歧视知觉和态度歧视知觉）为自变量，沮丧情绪和无助情绪为中介变量，性别、年龄、收入、学历和职业作为控制变量，样本量选择为5000，Bootstrap 取样方法选择偏差校正的非参数百分位法，那么，在95%置信区间下，数据分析发现沮丧情绪和无助情绪共同发挥中介作用显著，中介效应估计值在 -0.21 ~ -0.15 之间，没有包含0，中介效应值为 -0.13。其中，沮丧情绪中介效应估计值在 -0.17 ~ -0.11之间，没有包含0，中介效应估计值为 -0.12；无助情绪中

介效应估计值在 -0.14 ~ -0.08 之间，没有包含 0，中介效应估计值为 -0.09，表明无助和沮丧情绪共同部分中介同属游客歧视知觉对满意的影响。

本研究的假设检验具体结果如表 7 -8 所示。

表 7 -8　　　　　　　　　　　　假设检验结果

假设	假设内容	是否支持
假设 7 -1a	同属游客行为歧视知觉会消极影响游客满意	是
假设 7 -1b	同属游客态度歧视知觉会消极影响游客满意	是
假设 7 -2a	同属游客行为歧视对游客的沮丧情绪产生积极影响	是
假设 7 -2b	同属游客态度歧视对游客的沮丧情绪产生积极影响	是
假设 7 -3a	同属游客行为歧视对游客的无助情绪产生积极影响	是
假设 7 -3b	同属游客态度歧视对游客的无助情绪产生积极影响	是
假设 7 -4	沮丧情绪对游客满意度产生消极影响	是
假设 7 -5	无助情绪对游客满意度产生消极影响	是
假设 7 -6	服务人员的移情水平会负向调节沮丧情绪对满意的影响	是
假设 7 -7	服务人员的移情水平会负向调节无助情绪对满意的影响	是

7.5　实证结论与讨论

服务经济时代，游客更加注重消费过程中获得的服务质量水平，高水平服务质量可以显著提升游客满意度。已有研究表明，服务质量提升需要依赖于服务人员以及同享服务体验的同属游客。但是，服务人员、同属游客以及游客在文化价值观、社会规范、特殊情景等的理解存在差异，那么，这些群体相互接触时极易产生歧视行为，影响游客服务体验和满意水平。本书以旅游服务业为研究对象，研究了游客遭受同属游客歧视后的心理反应以及对旅游满意的影响。具体研究结果如下：（1）同属游客歧视知觉对游客满意存在显著的负向影响。当知觉到同属游客的歧视行为后，旅游满意度明显下降。由此可见，同属游客有意的歧视行为成为负向影响游客旅游体验的因素之一，这与同属游客无意不当行为的负向影响存在差异，同属游客无意不当行为虽然会影响游客的服务体验，但有些行为可能会获得游客的谅解，最终对服务的满意程度不一定下降。（2）游客情绪对旅游满意存在显著的负向影响。在旅游消费过程中，情绪是影响旅游绩效的关键因素（Faullant et al.，2011），游客在旅游服务过程中面对核心消费内容（如服务景点，服务人员态度等）产生的情绪会积极影响旅游满意。本书进一步研究发现，在旅游过程中，游客不仅面对核心消费内容产生的情绪会影响满意，一些非核心要素产生的情绪同样也会影响满意，如同属游客歧视知觉产生的消极情绪会负向影响旅游满意。（3）同属游客歧视知觉对旅游满意的负面影响主要是通过游客情绪的影响机制。知觉到同属游客的歧视行为后，游客产生沮丧和无助情绪，而这两种情绪显著地负向影响旅游满意，并且数据分析表明，无助和沮丧情绪共同部分中介同属游客歧视知觉对旅游满意的负面影响。（4）旅游服务过程中服务人员的移情水平会调节情绪对游客满意的影响。不论是无助情绪还是沮丧情绪，服务人员注意到游客情绪变化，对其产生移情，可以显著地降低无助和沮丧情绪对游客满意的负面影响。

7.6 本章小结

本章针对游客歧视知觉的情感机制的心理反应过程，在归纳和整理同属游客歧视知觉、游客情绪和游客满意等相关文献的基础上，构建了游客歧视知觉对消费决策行为的情感机制模型。在服务消费过程中，游客之间不仅存在无意的不当行为，还存在有意的歧视行为。根据刺激（S）—有机体（O）—反应（R）理论，以矿业旅游服务业为研究对象，研究游客遭受同属游客歧视后的心理反应以及对旅游满意的影响。通过对 470 个调查样本研究发现：同属游客歧视知觉对游客的沮丧情绪和无助情绪有显著的正向影响；同属游客歧视知觉对游客满意有显著的负向影响；沮丧情绪和无助情绪共同部分中介同属游客歧视知觉对游客满意的负向影响；服务人员的移情水平负向调节沮丧情绪和无助情绪对游客满意的影响。

第 8 章

研究总结与展望

　　本章对整个研究做一个全面的总结，概括出本书最主要的研究结论。同时，点明了研究的不足之处以及对后续相关研究提出建议。

8.1　研究内容总结

　　本书以游客歧视知觉为研究对象，对游客歧视知觉后的心理反应和消费决策及行为进行了全面和系统的实证研究，构建了科学合理的概念模型进而阐释了游客歧视知觉心理反应行为机制。本书主体研究由一个模型构建和二个实证研究组成，它们分别是游客歧视知觉对旅游消费决策及行为模型，游客歧视知觉认知机制行为研究和游客歧视知觉情感机制行为研究。具体研究内容和研究结论如下所述。

8.1.1　游客歧视知觉对旅游消费决策及行为模型

　　首先通过对国内外有关歧视知觉的文献进行分析和归纳，厘清了歧视知觉产生的根源和对社会以及个体的负面影响，特别是对游客心理健康和行为的影响。其次，具体结合商业情景因素对游客歧视知觉进行整理，梳理了游客歧视知觉的各种决定因素和游客相应的应对策略。再次，结合消费者行为学的相关理论，对游客行为模式的内外因素进行具体分析，内部因素的知觉、学习、记忆、理解、动机、个性、情绪和态度都涉及认知和情感机制，知觉、学习、记忆和理解是信息整理的过程，游客行为始于知觉，而理解就包含认知和情感理解，调节焦点理论认为，预防型动机是基于认知因素的，而促进型动机是基于情感因素的，个性中的独立型游客消费决策时倾向于情感决策，而依存型游客消费决策时倾向于认知决策。态度决定着行为，认知和情感的共同作用决定了游客的行为意向，也构成了游客的态度。情绪和情感在游客决策的每一个阶段都起着重要的作用。近段时期营销学术界对游客满意都增加了情绪反应的研究，补充了传统的只针对认知方面的研究。按照米契尔的认知情感理论，个体遇到的事件都会与一个复杂的认知——情感系统发生交互作用，并最终决定我们的行为。在目前的游客歧视知觉模型中只研究了歧视知觉的决定因素和应对策略，而对歧视知觉后具体的心理反应没有做出研究，这样对游客歧视知觉后的旅游消费决策的研究就缺乏重要的依据。按照消费者行为学理论，游客歧视知觉后会产生具体的心理反应，从认知和情感两条途径去影响游客决策和行为。面子意识是中国游客特有的旅游消费文化，面子意识包含心理构建和社会构建，心理构建是一种自我展露，社会构建是通过人际互动产生的社会地位和声誉。面子意识本身就是一种认知机制。通过交换系统产生面子的增、减和相应的情绪反应，并最终决定旅游消费行为和决策。随着游客自我消费意识的提高，情感决策起的作用越来越大，游客的感知价值中享乐性价值和象征性价值与情感因素相关，而功利性价值与认知因素相关。满意和忠诚是旅游服务企业追求的终极目标，负面口碑对旅游服务企业的潜在破坏是最大的，重游意愿更是游客忠诚的具体表现。综合以上分析，在具体研究歧视知觉后的心理反应的基础上从认知和情感双重视角构建歧视知觉对旅游消费决策及行为模型。

8.1.2　游客歧视知觉对旅游决策及行为的影响研究

以游客歧视知觉心理反应为研究对象，实证探究了游客歧视知觉后的认知机制的心理反应行为。在研究模型中，假设游客歧视知觉通过认知机制（面子意识）对游客决策及行为产生影响。并提出自我构建的调节作用。采用问卷调研法收集经验数据，对采集的经验数据进行信度和效度检验后，使用 SPSS 和 AMOS 软件检验研究模型。实证结果显示，游客歧视知觉会通过面子损失的中介作用进而显著影响游客决策及行为。发现游客歧视知觉会积极影响负面口碑而消极影响重游意愿，面子损失感知是该影响的心理过程，即歧视知觉导致游客感到面子损失，面子损失积极影响负面口碑而消极影响重游意愿，自我建构水平会调节该影响；相对于独立型游客，依存型游客知觉歧视时，面子损失更大，负面口碑更多，重游意愿更低。

8.1.3　同属游客歧视知觉对游客满意的影响研究

以游客歧视知觉心理反应为研究对象，实证探究了同属游客歧视知觉后的情感机制的心理反应行为。在研究模型中，假设同属游客歧视知觉通过情感机制（沮丧和无助）对游客决策行为产生影响。并提出共情水平的调节作用。通过问卷调研法收集经验数据，对采集的经验数据进行信度和效度检验后，采用 SPSS 和 AMOS 软件检验研究模型。研究结果表明，同属游客歧视知觉会通过沮丧和无助的中介作用进而显著影响游客决策及行为。发现同属游客歧视知觉会显著影响游客满意，沮丧和无助感知是该影响的心理过程，即同属游客歧视知觉导致游客感到沮丧和无助，沮丧和无助消极影响游客满意，共情水平会调节该影响；服务人员的共情水平负向调节沮丧情绪和无助情绪对游客满意的影响，相对于没有得到服务人员共情努力的游客，得到共情努力的游客满意度明显比较高。

8.2　管理启示

在社会发展和转型的环境下，游客心理和行为呈现出一些新特征：（1）游客自我意识逐步提高，对旅游消费情景中的不公平对待（消费歧视）更难以容忍和接受。（2）旅游消费情景中的不公平对待（消费歧视）由公然到微妙和模糊。更难以察觉和识别。（3）游客旅游消费决策过程中，情感决策越来越明显和重要。（4）在游客感知价值中，相对功利性价值，享乐性和象征性价值比例越来越高。物质和文化的快速发展在很大程度上提升了游客的消费意识和自我意识，使游客更加追求旅游消费过程中的感知和体验，而相应的服务和产品供给端与游客需求出现严重脱节，由此，在日常旅游消费过程中，游客在旅游消费过程中感知歧视并作出相应的旅游消费决策及行为难以避免。本书针对游客歧视知觉的"认知"和"情感"反应行为机制，探究了游客歧视知觉后的心理反应和相应的旅游消费决策，以期帮助服务提供者深刻了解游客歧视知觉和具体的心理反应，提高旅游服务企业敏感性和敏捷性，进而提高旅游服务企业服务意识、服务质量以及完善服务失败后的补救措施。根据研究结论，针对游客歧视知觉心理反应和行为的问题，本书的建议和策略大致可以归纳为两个方面，"防"和"补"，其中"防"是指通过培训、服务规范和市场管理制度尽可能防止游客歧视知觉行为的发生和服务提供者的歧视思维和行为倾向，从而构造对游客平等对待的市场环境；"补"则是指在游客感知到歧视和服务失败后，从服务提供者管理层到一线服务人员等各个层面做好相应的疏导和补救措施，及时消除和缓解消极后果，尽力提高游客感知价值，从而提高游客满意和忠诚，提升旅游服务企业核心竞争力！具体建议如下。

8.2.1　一线服务人员层面

（1）加强一线员工服务培训。

由于游客自我意识的提高，歧视知觉感知变得更加复杂和微妙，要加强员工的敏感性训练，使员工针对不同的服务情景和个体敏感于各种有意识和无意识的偏见，尽可能减少歧视行为倾向，或者及时感知到游客歧视知觉的反应而改变服务方式。通过语言课程的完善、提高员工的语言技巧和目标游客的文化知识，减少沟通困难和游客作为外来人的印象；针对某些服务行业多用女性服务员，研究证明女性服务员的共情和社交技巧要高于男性，在服务提供过程中也会减少歧视行为的发生（Walsh，2009）。

（2）减少员工工作压力，提高员工满意度。

员工工作压力过大会导致负面的心理和身体问题，会运用古板、消极的认知应对策略，它使服务员在服务过程中很少运用情感资源，并在和游客沟通过程中遵从简化信息处理的心理模型（Buunk & Ybema，1997），降低了需要经过独特处理才能完成的目标和事件的多样性（Bruner et al.，1956），这样既降低了服务质量又容易导致歧视行为的产生。同时研究证明员工满意度高可以提升游客满意度（Homburg，Stock，2004）。满意度高的员工才会在服务提供过程中加强和游客的情感交流，以游客需求为导向，及时捕捉到游客需求变化，最大化的提供公司资源给游客，并设法增加游客的感知价值，最大化的确保游客满意。力求避免对公司形成负面影响的歧视行为出现。

（3）鼓励一线员工设计服务程序。

由于服务产品对游客的提供最终是由一线员工去完成，所以一线员工是服务产品的实施者，最了解服务传递过程中游客的需求和感知，由一线员工去制定和设计服务程序既利于员工去遵守，又贴合游客需求，加大互动的黏度和灵活性，最大化降低和消除歧视行为。（比如服务业标杆"海底捞"就是充分尊重一线员工并给予很大的权利）

（4）鼓励一线员工提高同游客的关系强度，客户关系管理的目标是提高客户满意度和忠诚度。

加强一线员工和游客的关系强度，一方面游客不会把一些服务不当归因于歧视知觉；另一方面，即使服务人员做了一些不当行为，游客也会更倾向于采取忽略或者问题取向的应对策略，而不是情绪取向，不会严重影响游客满意度和忠诚度。

8.2.2　服务提供管理者层面

（1）全面塑造游客导向的企业文化和经营策略。

游客导向是以满足游客需求为第一原则，公司内部整体上都以游客满意为宗旨，相应的组织结构、规章制度、人力资源管理、激励机制和服务提供都会遵从这一准则，一线员工也会害怕歧视行为导致游客不满意和对公司有负面影响而从内心遵从个人无歧视道德标准，从公司各个层面尽力消除服务互动中的歧视行为。

（2）规范服务标准，统一服务规则，减少服务的异质化。

使员工遵守无歧视的个人道德标准和公司章程。对游客提供统一、平等的服务，使员工依照一定的服务标准进行服务和互动，同时使游客依照一定的服务标准感知服务，规范游客的服务预期目标，保证游客期望一致和满意。

（3）标杆化管理。

依照行业龙头企业的服务标准，实施标杆化管理，比如服务业的典范"海底捞"，在确保员工权益的基础上以游客导向的服务文化使"海底捞"的服务成为行业的标杆，在员工满意的基础上使游客更加满意，人性化和个性化的服务极大地提高了游客的满意度和忠诚度。

（4）注重服务失败后的补救措施。

再好的培训和管理制度也不能确保消除歧视行为的发生，在服务失败后，从公司层面要引起足够的重视，及时采取补救措施，及时消除游客的抱怨，特别是一线员工，当察觉到服务失败后要及时通过自身的努力来缓解和消除游客的负面情绪，从而避免消极后果的发生。也可以通过提供更多的感知价值来弥补和缓解游客的负面情绪，从而提高游客满意度。

（5）公司利用歧视知觉量表，聘请专业人士对服务人员和公司的歧视行为进行检测和纠正。

检测员工在多大程度上遵守公司的制度和价值观。也可以利用量表对公司各部门或者不同的分支机构进行检测和评比。从公司内部最大化的消除歧视行为。

（6）公司找到弱势群体的游客并寻求服务质量反馈。

员工鼓励游客在服务后填写意见反馈卡。公司建立游客意见反馈网站，或者要多关注第三方评论网站中的游客反馈和评价。互联网时代，口碑传播是把"双刃剑"，好的口碑能加大公司正面形象的宣传，同时负面的口碑也会对公司形象造成巨大的破坏。

（7）针对一些群体特征细分市场。

提供特殊或个性化服务，既满足了游客需求，也提高了公司盈利能力和生存实力。比如丰田公司针对黑人女性搞得"我黑亦美丽"活动，建立女子俱乐部，"同性恋俱乐部"等。

（8）游客对游客的歧视说明了游客不当行为也会造成游客歧视知觉和不满意，服务公司同时也要加强对游客的教育，让游客明白歧视行为是把"双刃剑"，在不愿意感知到歧视的同时自己也要遵从无歧视偏见的道德准则。

8.2.3　政策制定者层面

歧视行为具体表现为正式（制度）和非正式（社会意识）两种形式。所以要从政策制定者层面从相关制度的制定和管理来宣传无歧视道德准则和强化社会公民的平等意识，构建和谐社会。

（1）从政策制定者层面制定相关的反歧视法规。例如对性别歧视。在相应的劳动法中要体现，同时消除针对富人群体的教育和居住特权，强化公民的平等意识。

（2）消除地方政府的自我保护意识。对用工制度，经济领域的企业准入制度都要平等对待。

（3）加强对特殊群体的法律和制度保护，比如对农民工进城的户口、医疗，社会福利等保障问题，及其子女接受教育问题。需要先从政府层面确保该群体的社会地位和群体利益。消除该部分群体社会地位低下，外群体的社会印象。

（4）加强对服务行业歧视行为管理，针对服务行业中典型的歧视行为事件必须给予足够的重视和惩罚力度，比如青岛"天价虾"事件，在对该事件进行深度报道的同时加大对实施歧视行为方的处罚力度，使游客和服务提供者都意识到歧视行为的严重性和危害性，以及社会对歧视行为零容忍的态度。

8.3　研究局限和展望

商业环境下的游客歧视知觉是一个社会学和心理学与消费者行为学等多个学科交叉的问题，同时也是一个在现实生活中普遍存在的问题。然而在学术界尤其是国内学者对游客歧视知觉、决策及行为研究几乎空白。虽然本书对该研究课题做了系统和全面研究，但受本人研究能力和研究条件制约，仍存一些研究局限性，具体主要表现在以下几个方面。

首先，研究对象的选取，本书只关注了医疗行业和旅游行业，医疗行业和旅游行业提供的产品更多属于无形服务，游客之间以及与服务人员互动程度高，但是这两个行业并不能代替其余的服务行业，有些服务行业互动水平相对比较低，那么，游客知觉歧视后，是否同样存在负面口碑和重游意愿下降以及不满意？虽然这类低互动消费情景在国外得到了普遍研究，但需要在国内市场进行验证，这是未来的研究方向。

其次，考虑到首次对游客歧视知觉后心理反应进行研究，本书为了细化歧视知觉后的心理反应，分别从认知机制和情感机制两条途径进行了研究，虽然认知和情感既相互独立又相互影响，认知伴随着情感，情感伴随着认知，在同一服务情景对认知和情感对旅游消费决策行为影响进行同时测量，并研究两者之间的相互关系也具有理论和实际意义。在现有研究基础上，这也是以后的研究重点和方向。

最后，没有对游客歧视知觉积极的心理反应进行研究。随着心理弹性研究的开展，歧视知觉对个体和群体的积极的影响也具有理论和实际价值。虽然消极影响是直接的，积极影响是间接的。但积极影响的研究能够完善和补充歧视知觉对旅游消费决策及行为的影响，通过减少消极影响，增加积极的影响来消除和降低歧视知觉的负面效果。当然还有一些方面需要在未来加强研究和验证，比如个体变量差异只是调节因素的一种，社会支持、应对措施、群体认证的调节作用。歧视知觉分个体和群体水平，只对个体水平做了研究，没有对群体水平进行研究，以及两者之间的关系验证等。

　　未来进一步的研究方向和展望：虽然游客歧视知觉在国内没有展开相应的研究，理论和实证基础缺乏，但相信在研究者的努力下，游客歧视知觉的研究会越来越丰富，也会为提高游客感知价值和构建和谐社会提供理论基础和实践建议。

参 考 文 献

[1] 鲍振宙，张卫，赖雪芬，王艳辉. 家庭收入与青少年睡眠质量的关系：歧视知觉、自尊的链式中介作用 [J]. 心理科学，2016，39（2）：350 - 356.

[2] 曾守锤，李其维. 儿童心理弹性发展的研究综述 [J]. 心理科学，2003，26（6）：132 - 135.

[3] 陈之昭. 面子问题之研究 [D]. 台北：台湾大学心理研究所，1982.

[4] 陈之昭. 面子心理的理论分析与实证研究 [J]. 中国社会心理学评论，2006（2）：122.

[5] 戴维·米勒等. 布莱克维尔政治学百科全书 [M]. 北京：中国政法大学出版社，1992.

[6] 杜建刚，范秀成. 服务补救中情绪对补救后顾客满意和行为的影响 [J]. 管理世界，2007，19（8）：85 - 94.

[7] 杜建刚，范秀成. 服务失败情境下面子丢失对顾客抱怨倾向的影响 [J]. 管理评论，2012，24（3）：91 - 99.

[8] 范广伟，刘汝萍，马钦海. 顾客对同属顾客不当行为反应类型及其差异研究 [J]. 管理学报，2013，10（9）：1384 - 1392.

[9] 范兴华，方晓义，刘杨等. 流动儿童歧视知觉与社会文化适应：社会支持和社会认同的作用 [J]. 心理学报，2012，44（5）：647 - 663.

[10] 方晓义,范兴华,刘杨. 应对方式在流动儿童歧视知觉与孤独情绪关系上的调节作用 [J]. 心理发展与教育,2008 (4): 93-99.

[11] 菲利普·科特勒. 营销管理 [M]. 北京:中国人民大学出版社,2001.

[12] 弗·斯卡皮蒂. 美国社会问题 [M]. 北京:中国社会科学出版社,1986.

[13] 傅王倩,张磊,王达. 初中留守儿童歧视知觉及其与问题行为的关系:社会支持的中介作用 [J]. 中国特殊教育,2016 (1): 42-47.

[14] 耿黎辉. 产品消费情绪与购后行为关系的实证研究 [J]. 数理统计与管理,2008,27 (1): 1-9.

[15] 郭功星,周星,涂红伟. 消费者敌意,自我效能与旅游意愿——基于对青少年出境旅游市场的实证研究 [J]. 旅游学刊,2016,31 (2): 44-52.

[16] 郭晓琳,林德荣. 中国本土消费者的面子意识与消费行为研究述评 [J]. 外国经济与管理,2015,37 (11): 63-71.

[17] 韩晓芸,温碧燕,伍小奕. 顾客消费情绪对顾客满意感的影响 [J]. 南开管理评论,2004,7 (4): 39-43.

[18] 郝振,崔丽娟. 受歧视知觉对流动儿童社会融入的影响:中介机制及自尊的调节作用 [J]. 心理发展与教育,2014 (2): 137-144.

[19] 胡先缙. 中国人的面子观 [M]. 台北:巨流图书公司,1988.

[20] 黄大勇,陈芳. 国内外旅游满意度研究综述 [J]. 重庆工商大学学报:社会科学版,2015,32 (1): 49-55.

[21] 霍金斯,马瑟斯博著,符国群译. 消费行为学(第11

版）［M］. 北京：机械工业出版社，2011

［22］景奉杰，赵建彬，余樱. 顾客间互动—情绪—购后满意关系分析：基于在线品牌社群视角［J］. 中国流通经济，2013，27（9）：86 - 93.

［23］乐国安，董颖红. 情绪的基本结构：争论、应用及其前瞻［J］. 南开学报（哲学社会科学版），2013（1）：140 - 150.

［24］李董平，许路，鲍振宙，陈武，苏小慧，张微. 家庭经济压力与青少年抑郁：歧视知觉和亲子依恋的作用［J］. 心理发展与教育，2015，31（3）：342 - 349.

［25］李晓巍，邹泓，张俊，杨颖. 流动儿童歧视知觉产生机制的质性研究：社会比较的视角［J］. 心理研究，2008，1（2）：66 - 70.

［26］蔺秀云，方晓义，刘杨等. 流动儿童歧视知觉与心理健康水平的关系及其心理机制［J］. 心理学报，2009，41（10）：967 - 979.

［27］刘霞. 流动儿童歧视知觉：特点、影响因素与作用机制［D］. 北京师范大学，2008.

［28］刘霞，范新华，申继亮. 初中留守儿童社会支持与问题行为的关系［J］. 心理发展与教育，2007（3）：44 - 47.

［29］刘霞，申继亮. 环境因素对流动儿童歧视知觉的影响及群体态度的调节作用［J］. 心理发展与教育，2010，26（4）：395 - 401.

［30］刘霞，申继亮. 流动儿童的歧视归因倾向及其对情感的影响［J］. 中国心理卫生杂志，2009，23（8）：599 - 608.

［31］刘霞，申继亮. 流动儿童歧视知觉及与自尊的关系［J］. 心理科学，2010，33（3）：695 - 697.

［32］刘霞，赵景欣，师保国. 歧视知觉的影响效应及其机制［J］. 心理发展与教育，2011（4）：216 - 223.

［33］刘霞.个体和群体歧视知觉对流动儿童主观幸福感的影响［J］.心理科学，2013，36（1）：116－121.

［34］刘扬.流动儿童城市适应标准、过程及影响因素研究［D］.北京师范大学，2008.

［35］卢泰宏等.中国消费行为报告［M］.北京：中国社会科学出版社，2005.

［36］孟昭兰.情绪心理学［M］.北京：北京大学出版社，2005.

［37］倪士光，李虹.流动儿童认同整合与歧视知觉的关系：社会支持和应对方式的作用［J］.心理发展与教育，2014（1）：31－38.

［38］钱铭怡，肖广兰.青少年心理健康水平、自我效能、自尊与父母养育方式的相关研究［J］.心理科学，1998，21（6）：553－555.

［39］申继亮，胡心怡，刘霞.留守儿童歧视知觉特点及与主观幸福感的关系［J］.河南大学学报（社会科学版），2009，49（6）：116－120.

［40］申继亮.处境不利儿童的心理发展与教育对策研究［M］.北京：经济科学出版社，2009.

［41］师保国，邓小晴，刘霞.公立学校流动儿童的幸福感、歧视知觉及其关系［J］.首都师范大学学报（社会科学版），2013（3）：143－149.

［42］苏志强，张大均，邵景进.社会经济地位与留守儿童社会适应的关系：歧视知觉的中介作用［J］.心理发展与教育，2015（2）：212－219.

［43］汪涛，张琴.为什么消费者会感觉到有面子？——消费者面子及其感知机制研究［J］.经济管理，2011，33（7）：78－88.

［44］王轶楠. 从东西方文化的差异分析面子与自尊的关系［J］. 社会心理科学，2006，21（2）：230－236.

［45］魏荟荟，吕飒飒，汪祚军，刘志方. 城市适应策略、歧视知觉对失地农民和流动民工心理适应的影响［J］. 宁波大学学报（教育科学版），2016，38（5）：27－31.

［46］温忠麟，侯杰泰，马什等. 结构方程模型检验：拟合指数与卡方准则［J］. 心理学报，2004，36（2）：186－194.

［47］温忠麟，侯杰泰，张雷. 调节效应与中介效应的比较和应用［J］. 心理学报，2005，37（2）：268－274.

［48］吴忠民. 歧视与中国现阶段的歧视［J］. 江海学刊，2003（1）：99－106.

［49］夏普等. 社会问题经济学［M］. 北京：中国人民大学出版社，2000.

［50］谢其利，宛蓉，张睿等. 歧视知觉与农村贫困大学生孤独感：核心自我评价、朋友支持的中介作用［J］. 心理发展与教育，2016，32（5）：614－622.

［51］邢淑芬，刘霞，赵景欣等. 歧视知觉对流动儿童群体幸福感的影响及内部机制［J］. 心理发展与教育，2011，27（6）：654－661.

［52］严瑜，吴霞. 从信任违背到信任修复：道德情绪的作用机制［J］. 心理科学进展，2016，24（4）：633－642.

［53］于松梅，杨丽珠. 米契尔认知情感的个性系统理论述评［J］. 心理科学进展，2003，11（2）：197－201.

［54］翟学伟. 中国人的脸面观模型［M］. 中国社会心理学评论，1995.

［55］张明立，樊华，于秋红. 顾客价值内涵、特征及类型［J］. 管理科学，2005，18（2）：72－77.

[56] 张跃先, 马钦海, 刘汝萍. 期望不一致、顾客情绪和顾客满意的关系研究述评 [J]. 管理评论, 2010, 22 (4): 56 –63.

[57] 张正林, 庄贵军. 基于社会影响和面子视角的冲动购买研究 [J]. 管理科学, 2008, 21 (6): 66 –72.

[58] 周晓虹. 现代社会心理学 [M]. 上海: 上海人民出版社, 1997.

[59] 朱瑞玲. 面子与成就——社会取向动机之探讨 [J]. 中华心理学刊, 1989, 31 (2): 79 –90.

[60] 朱智贤. 心理学大辞典 [M]. 北京: 北京师范大学出版社, 1989.

[61] Aaker J L, Lee A Y. "I" seek pleasures and "we" avoid pains: The role of self-regulatory goals in information processing and persuasion [J]. Journal of Consumer Research, 2001, 28 (1): 33 –49.

[62] Abrams D, Hogg M A. Social identifications: A social psychology of intergroup relations and group processes [M]. Routledge, 2006.

[63] Adams J S. Inequity In Social Exchange [J]. Advances in Experimental Social Psychology, 1965, 2 (4): 267 –299.

[64] Addis M, Holbrook M B. Holbrook, M. B.: On the conceptual link between mass customisation and experiential consumption: an explosion of subjectivity. J. Consum. Behav. 1 (1), 50 –66 [J]. Journal of Consumer Behaviour, 2001, 1 (1): 50 –66.

[65] Ahola E K.. How is the concept of experience defined in consumer culture theory? discussing different frames of analysis [J]. Kuluttajatutkimus Nyt, 2005, 16 (1): 91 –98.

[66] Ainscough T L, Motley C M. Will you help me please? The effects of race, gender and manner of dress on retail service [J]. Mar-

keting letters, 2000, 11 (2): 129 – 136.

[67] Allport G W. The nature of prejudice [M]. New York: Perseus Books Publishing L. L. C, 1954.

[68] Alonzo A A, Reynolds N R. Stigma, HIV and AIDS: an exploration and elaboration of a stigma trajectory [J]. Social Science & Medicine, 1995, 41 (3): 303 – 315.

[69] Amaro, Hortensia, Nancy E, Russo, JulieJohnson. Family and Work Predictors of Psychological Well – Being Among Hispanic Women Professionals [J]. Psychology of Women Quarterly, 1987 (11): 505 – 21.

[70] Andreasen A R. Disadvantaged consumer [M]. Free Press, 1975.

[71] Andres B T, Cervera – Taulet A, Garcia H C. Social servicescape effects on post-consumption behavior: The moderating effect of positive emotions in opera-goers [J]. Journal of Service Theory & Practice, 2016, 26 (5): 590 – 615.

[72] Andrew S. Walters, Lisa J. Moore. Attention All Shoppers, Queer Customers in Aisle Two: Investigating Lesbian and Gay Discrimination in the Marketplace [J]. Consumption Markets & Culture, 2002, 5 (4): 285 – 303.

[73] Averill J R. A Constructivist View of Emotion, In R. Plutchik & H. Kellerman (Eds.), Emotion: Theory, Research and Experience [M]. New York: Academic Press, 1980, 305 – 339.

[74] Ayres I, Siegelman P. Race and gender discrimination in bargaining for a new car [J]. American Economic Review, 1995, 85 (3): 304 – 321.

[75] Baker T L, Meyer T, Johnson J D. Individual differences in

perceptions of service failure and recovery: the role of race and discriminatory bias [J]. Journal of the Academy of Marketing Science, 2008, 36 (4): 552 - 564.

[76] Baldwin M L, Johnson W G. Labor Market Discrimination against Women with Disabilities [J]. Industrial Relations A Journal of Economy & Society, 2000, 34 (4): 1 - 19.

[77] Bao Y, Zhou K Z, Su C. Face consciousness and risk aversion: Do they affect consumer decision-making? [J]. Psychology & Marketing, 2003, 20 (8): 733 - 755.

[78] Bennett A, Hill R P, Daddario K. Shopping while nonwhite: racial discrimination among minority consumers [J]. Journal of Consumer Affairs, 2015, 49 (2): 328 - 355.

[79] Bhattacharya C B, Rao H, Glynn M A. Understanding the Bond of Identification: An Investigation of Its Correlates among Art Museum Members [J]. Journal of Marketing, 1995, 59 (4): 46 - 57.

[80] Bies R J, Shapiro D L. Internationale fairness judgments: the influence of causal accounts [J]. SocialJustice Research, 1987, 1 (2): 199 - 218.

[81] Bigne J, Enrique M, Anna S, Andreu L. The Impact of Experiential Consumption Cognitions and Emotions on Behavioural Intentions [J]. Journal of Services Marketing, 2008, 22 (4): 303 - 315.

[82] Birzer M L, Smith - Mahdi J. Does race matter? The phenomenology of discrimination experienced among African Americans [J]. Journal of African American Studies, 2006, 10 (2): 22 - 37.

[83] Blau P M. Exchange and power in social life [J]. American Journal of Sociology, 1964.

[84] Blodgett, Jeffrey G, Granbois, Donald H, Walters, Rockney

G. The Effects of Perceived Justice on Complainants' Negative Word-of –
Mouth Behavior and Repatronage Intentions ［J］. Journal of Retailing,
1993, 69 (4): 399 –427.

［85］ Bochenek M, Brown A W. Hatred in the Hallways: Violence
and Discrimination against Lesbian, Gay, Bisexual, and Transgender
Students in U. S. Schools ［J］. American Journal of Health Education,
2001, 32 (5): 302 –306.

［86］ Boden M T, Thompson R J. Facets of emotional awareness and
associations with emotion regulation and depression ［J］. Emotion, 2015,
15 (3): 399 –410.

［87］ Boshoff C, Recovsat. An instrument to Measure satisfaction
with transaction-specific service recovery ［J］. Journal of Service Re-
search, 1999, 1 (3): 236 –249.

［88］ Bourguignon D, Seron E, Yzerbyt V, et al. Perceived group
and personal discrimination: differential effects on personal self-esteem
［J］. European Journal of Social Psychology, 2010, 36 (5): 773 –789.

［89］ Boyd H H. Christianity and the Environment in the American
Public ［J］. Journal for the Scientific Study of Religion, 1999, 38 (1):
36 –44.

［90］ Braniecka A, Trzebińska E, Dowgiert A, et al. Mixed emo-
tions and coping: The benefits of secondary emotions ［J］. PloS one,
2014, 9 (8): 13 –20.

［91］ Branscombe N R, Schmitt M T, Harvey R D. Perceiving per-
vasive discrimination among African Americans: Implications for group
identification and well-being ［J］. Journal of Personality and Social Psy-
chology, 1999, 77 (1): 135 –149.

［92］ Brewer M B, Campbell D T. Ethnocentrism and intergroup attitudes: East African evidence [J]. Contemporary Sociology, 1977, 6 (4).

[93] Broekhuizen T L J, Alsem K J. Success Factors for Mass Customization: A Conceptual Model [J]. Journal of Market – Focused Management, 2002, 5 (4): 309 – 330.

[94] Brown P, Levinson S. Universals in Language Use: Politeness Phenomena in Questions and Politeness in Strategies [M]. Cambridge: Cambridge University Press, 1978.

[95] Brumbaugh A M, Rosa J A. Perceived discrimination, cashier meta-perceptions, embarrassment and confidence as influencers of coupon use: An ethnoracial-socioeconomic analysis [J]. Consumer Behavior and Retailing, 2009, 85 (3): 347 – 362.

[96] Bruner J S, Goodnow J J, Austin G A. A study of thinking [J]. Philosophy & Phenomenological Research, 1958: 215 – 221.

[97] Brunner – Sperdin A, Scholl – Grissemann U S, Stokburger – Sauer N E. The relevance of holistic website perception. How sense-making and exploration cues guide consumers' emotions and behaviors [J]. Journal of Business Research, 2014, 67 (12): 2515 – 2522.

[98] Burns D J, Neisner L. Consumer Satisfaction in a Retail Setting: the Contribution of Emotion [J]. International Journal of Retail and Distribution Management, 2006, 34 (1): 49 – 66.

[99] Burns M J. Value in exchange: the consume perspective [M]. Knoxville: The University of Tennessee, 1993.

[100] Butz, Howard E, Jr Leonard. Measuring Customer Value: Gaining the Strategic Advantage [J]. Organizationl Dynamics, 1996, 24 (5): 63 – 77.

[101] Buunk A. Social comparison and occupational stress: the

identification-contrast model ［J］. Health Coping & Wellbeing Perspectives from Social Comparison Theory, 1997, 8 (5): 557 – 72.

［102］ Byrne D. The attraction paradigm ［M］. New York: Academic Press, 1971.

［103］ Cadinu M, Reggiori C. Discrimination of a low-status out-group: the role of ingroup threat ［J］. European Journal of Social Psychology, 2002, 32 (4): 501 – 515.

［104］ Cardozo R M. An Experimental Study of Consumer Effort, Expectation and Satisfaction ［J］. Journal of Marketing Research, 1965, 2 (8): 244 – 249.

［105］ Casidy R, Shin H. The effects of harm directions and service recovery strategies on customer forgiveness and negative word-of-mouth intentions ［J］. Journal of Retailing and Consumer Services, 2015, 27 (7): 103 – 112.

［106］ Castano E, Yzerbyt V, Bourguignon D, et al. Who May Enter? The Impact of In – Group Identification on In – Group/Out – Group Categorization ［J］. Journal of Experimental Social Psychology, 2002, 38 (3): 315 – 322.

［107］ Chadhuri A. Consumption Emotion and Perceived Risk: AMacro – Analytic Approach ［J］. Journal of Business Research, 1997, 2 (2): 491 – 504.

［108］ Chang C S, Chen S Y, Lan Y T. Service quality, trust, and patient satisfaction in interpersonal-based Medical service encounters ［J］. BMC health services research, 2013, 13 (1): 1 – 12.

［109］ Charatan F. Endpiece: Proof of old age ［J］. Bmj Clinical Research, 2003, 327 (7406): 80.

［110］ Charlesworth L A, Allen R J, Havelka J, et al. Who am I?

Autobiographical retrieval improves access to self-concepts [J]. Memory, 2015, 23 (8): 1 – 9.

[111] Chebat J C, Michon R. Impact of Ambient Odors on Mall Shoppers' Emotions, Cognition, and Spending [J]. Journal of Business Research, 2003, 56 (7): 529 – 539.

[112] Cheng C Y. The Concept of Face and Its Confucian Roots [J]. Journal of Chinese Philosophy, 1986, 13: 329 – 348.

[113] Cherrington A L, Andreae L, Candice P, et al. We'll Get to You When We Get to You: Exploring Potential Contributions of Health Care Staff Behaviors to Patient Perceptions of Discrimination and Satisfaction [J]. American Journal of Public Health, 2015, 105 (10): 2076 – 2082.

[114] Choi B J, Kim H S. The impact of outcome quality, interaction quality, and peer-to-peer quality on customer satisfaction with a hospital service [J]. Managing Service Quality, 2013, 23 (3): 188 – 204.

[115] Chou M. Protective and acquisitive face orientations: A person by situation approach to face dynamics in social interaction [D]. University of Hong Kong, 1997.

[116] Christopher M. Value-in-use Pricing [J]. European Journal of Marketing, 1993, 16 (5): 35 – 46.

[117] Churchill G A, Ford N M, Walker O C. Measuring the job satisfaction of industrial salesmen [J]. Journal of Marketing Research, 1974, 11 (3): 254.

[118] Clemmer E C, Schneider B. Managing customer dissatisfaction with waiting: applying social – Psychological theory in a service setting [J]. Advances in Services Marketing and Management, 1996 (2): 213 – 219.

[119] Coban S. The effects of the image of destination on tourist satisfaction and loyalty: The case of cappadocia [J]. European Journal of Social Sciences, 2012, 29 (2): 222 – 232.

[120] Collie T, Bradley G, Sparks B A. Fair process revisited: Differential effects of interactional and procedural justice in the presence of social comparison information [J]. Journal of Experimental Social Psychology, 2002, 38 (6): 545 – 555.

[121] Correia A, Kozak M, Ferradeira J. From tourist motivations to tourist satisfaction [J]. International Journal of Culture, Touris Mand Hospitality Research, 2013, 7 (4): 411 – 424.

[122] Crocker J, Major B, Steele C. Social stigma [J]. 1991: 504 – 553.

[123] Crocker J, Major B. Social stigma and self esteem: The self-protective properties of stigma [J]. Psychological Review, 1989, 96 (4): 608 – 630.

[124] Crocker J, Voelkl K, Testa M, et al. Social stigma: The affective consequences of attributional ambiguity [J]. Journal of Personality & Social Psychology, 2014, 60 (2): 353 – 368.

[125] Crockett D, Grier S A, Williams A. Coping with marketplace discrimination: An exploration of the experiences of black men [J]. Academy of Marketing Science Review, 2003, 16 (4): 1 – 21.

[126] Darley J M, Fazio R H. Expectancy confirmation processes arising in the social interaction sequence [J]. American Psychologist, 1980, 35: 867 – 881.

[127] David B D, Thompson K. Self – Concept and Delinquency: The Effects of Reflected Appraisals by Parent and Peers [J]. Western Criminology Review, 2005, 6 (1): 22 – 29.

[128] Decety J, Bartal I B A, Uzefovsky F, et al. Empathy as a driver of prosocial behaviour: highly conserved neurobehavioural mechanisms across species [J]. Philosophical Transactions of the Royal Society B, 2016, 371 (1): 1 –11.

[129] Demyttenaere K. From sadness to depressed mood and from an hedonia to positive mood and well-being [J]. Medicographia, 2013, 35 (3): 287 –291.

[130] Deshpande R, Hoyer W D, Donthu N. The Intensity of Ethnic Affiliation: A Study of the Sociology of Hispanic Consumption [J]. Journal of Consumer Research, 1986, 13 (2): 214 –220.

[131] Devine P G, Monteith M J, Zuwerink J R, et al. Prejudice with and without compunction [J]. Journal of Personality & Social Psychology, 1991, 60 (6): 817 –830.

[132] Diener E. Subjective well-being [J]. Psychological Bulletin, 1984 (95): 542 –575.

[133] Dion K L, Kawakami K. Ethnicity and perceived discrimination in Toronto: Another look at the personal/group discrimination discrepancy [J]. Canadian Journal of Behavioral Science, 1996, 28: 203 –213.

[134] Dube L, Cervellon, M C, Jingyuan H. Should Consumer Attitudes be Reduced to their Affective and Cognitive Bases? Validation of a Hierarchical Model [J]. International Journal of Research in Marketing, 2003, 20 (3): 259 –272.

[135] Dubé L, Menon K. Multiple of Roles of Consumption Emotions in Post-purchase Satisfaction with Extended Service Transactions [J]. International Journal of Service Industry Management, 2000, 11 (3): 287 –304.

[136] Duckitt J H. Psychology and prejudice: A historical analysis

and integrative framework [J]. American Psychologist, 1992, 47 (10): 1182 – 1193.

[137] Edwardson M. Measuring Consumer Emotions in Service Encounters: An Exploratory Analysis [J]. Australasian Journal of Market Research, 1998, 2 (2): 34 – 38.

[138] Ekman P, Friesen W V. Constants across Cultures in the Face and Emotion [J]. Journal of Personality and Social Psychology, 1971, 17 (2): 269 – 285.

[139] Ellemers N, Wilke H, Van Knippenberg A. Effects of the legitimacy of low group or individual status on individual and collective identity enhancement strategies [J]. Journal of Personality and Social Psychology, 1993, 64 (5): 766 – 778.

[140] Essed P. Understanding Everyday Racism: An Interdisciplinary Theory. Sage Series on Race and Ethnic Relations [J]. Contemporary Sociology, 1991, 21 (6): 493 – 495.

[141] Faullant R, Matzler K, Mooradian T A. Personality, basic emotions, and satisfaction: Primary emotions in the Mountaineering experience [J]. Tourism Management, 2011, 32 (6): 1423 – 1430.

[142] Feagin J R, Sikes M P. Living with racism: The black middle-class experience [M]. Boston: Beacon Press, 1994.

[143] Feagin J R. The continuing significance of race: Antiblack discrimination in public places [J]. American Sociological Review, 1991, 56 (1): 101 – 116.

[144] Feagin, Joe R, Melvin P, Sikes. Living with Racism: The BlackMiddle Class Experience [M]. Boston: Beacon Hill Press, 1994.

[145] Flint D J, Woodruff R B, Gardial S F. Customer value change in industrial marketing relationships: A call for new strategies and

research [J]. Industrial Marketing Management, 1997, 26 (2): 163 –
175.

[146] Foa U G, Foa E B. Resource theory of social exchange [M].
Morristown, NJ: General Learning Press, 1975.

[147] Folkman S, Lazarus R S. Coping as a mediator of emotion
[J]. Journal of Personality & Social Psychology, 1988, 54 (3): 466.

[148] Fowler D C, Wesley S C, Vazquez M E. Simpatico in store
retailing: How immigrant Hispanic emic interpret U. S. store atmospherics
and interactions with sales associates [J]. Journal of Business Research,
2006, 60 (1): 50 – 59.

[149] Fray J C S. Hypertension in Blacks: Physiological, Psychoso-
cial, Theoretical, and Therapeutic Challenges [M]. Pathophysiology of
Hypertension in Blacks. Springer New York, 1993: 3 – 22.

[150] Frow P, Payne A. Specialissue papers: Towards the perfect
customer experience [J]. Brand Management, 2007, 15 (2): 89 –
101.

[151] Garstka T A, Schmitt M T, Branscombe N R, Hummert M
L. How young and older adult differ in their responses to perceived discrim-
ination [J]. Psychology and Aging, 2004, 19: 326 – 335.

[152] Gelbrich K. Anger, frustration, and helplessness after service
failure: coping strategies and effective informational support [J]. Journal
of the Academy of Marketing Science, 2010, 38 (5): 567 – 585.

[153] Gelbrich K. Beyond just being dissatisfied: How angry and
helpless customers react to failures when using self-service technologies
[J]. Schmalenbach Business Review, 2009, 61 (3): 40 – 59.

[154] Gentile C, Spiller N, Noci G. How to Sustain the Customer
Experience: An Overview of Experience Components that Co-create Value

With the Customer [J]. European Management Journal, 2007, 25 (5): 395 – 410.

[155] Goffman E. On Face-work: An Analysis of Ritual Elements in Social Interaction [J]. Psychiatry, 1955, 18 (8): 213 – 231.

[156] Goffman E. Stigma: notes on the management of spoiled identity [M]. New York: Prentice – Hall, 1963.

[157] Goffman, E. Embarrassment and Social Organization [J]. American Journal of Sociology, 1956, 62 (12): 264 – 274.

[158] Goodwin C, Ross I. Consumer responses to service failures: Influence of procedural and interactional fairness perceptions [J]. Journal of Business Research, 1992, 25 (2): 149 – 163.

[159] Graylittle B, Hafdahl A R. Factors influencing racial comparisons of self-esteem: a quantitative review [J]. Psychological Bulletin, 2000, 126 (1): 26.

[160] Gronroos C. Service management and marketing [J]. Business Book Review Library, 2007, 11 (4): 2 – 4.

[161] Gronroos R. The value concept and relationship marketing [J]. European Journal of Marketing, 1996, 30 (2): 22 – 28.

[162] Gross J J. Antecedent-and response-focused emotion regulation: divergent consequences for experience, expression, and physiology [J]. Journal of Personality & Social Psychology, 1998, 74 (1): 224 – 237.

[163] Gwinner K P, Gremler D D, Bitner M J. Relational benefits in services industries: The customer's perspective [J]. Journal of the Academy of Marketing Science, 1998, 26 (2): 101.

[164] Ha J, Jang S C S. Perceived values, satisfaction, and behavioral intentions: The role of familiarity in Korean restaurants [J]. In-

ternational Journal of Hospitality Management, 2010, 29 (1): 2 – 13.

[165] Harris A M G. Shopping while black: Applying 42 U. S. C. § 1981 to cases of consumer racial profiling [J]. Boston College Third World Law Journal, 2003, 23 (1): 1 – 57.

[166] Hess R L, Ganesan S, Klein N M. Service failure and recovery: the impact of relationship factors on customer satisfaction [J]. Journal of the Academy of Marketing Science, 2003, 31 (2): 127 – 145.

[167] Hill R P. Surviving in a material world: The lived experience of people in poverty [M]. Univ of Notre Dame Pr, 2001.

[168] Ho Y F. Face and Stereotyped Notions about Chinese Face Behavior [J]. Philippine Journal of Psychology, 1980, 13 (1 – 2): 20 – 33.

[169] Ho Y F. On the Concept of Face [J]. American Journal of Sociology, 1976, 81 (4): 867 – 884.

[170] Hogg M A, Abrams D. Social motivation, self-esteem and social identity [J]. Social identity theory: Constructive and critical advances, 1990 (28): 47.

[171] Homans G C. Social behavior as exchange [J]. American Journal of sociology, 1958, 63 (6): 597 – 606.

[172] Homburg C, Stock R M. The link between salespeople's job satisfaction and customer satisfaction in a business-to-business context: A dyadic analysis [J]. Journal of the Academy of Marketing Science, 2004, 32 (2): 144 – 158.

[173] Hsu Y C P, Chan F. Surveying data on consumer green purchasing intention: A case in new zealand [J]. International Journal of Business and Social Research, 2015, 5 (5): 1 – 14.

[174] Hu H C. The Chinese Concepts of "Face"[J]. American An-

thropologist, 1944, 46 (1): 45 – 64.

[175] Huang W H. The impact of other-customer failure on service satisfaction [J]. International Journal of Service Industry Management, 2008, 19 (4): 521 – 536.

[176] Hultman M, Skarmeas D, Oghazi P, et al. Achieving tourist loyalty through destination personality, satisfaction, and identification [J]. Journal of Business Research, 2015, 68 (11): 2227 – 2231.

[177] Huppertz J W, Arenson S J, Evans R H. An application of equity theory to buyer-seller exchange situations [J]. Journal of Marketing Research, 1978, 15 (3): 250 – 260.

[178] Inman M L, Huerta J, Oh S. Perceiving Discrimination: The Role of Prototypes and Norm Violation [J]. Social Cognition, 2011, 16 (4): 418 – 450.

[179] Izard, C E. Human Emotions [M]. New York: Plenum Press, 1997.

[180] James C A, Dipak C J, Pradeep K C. Customer value assessment in business markets [J]. a state-of-practice study, Journal of Business-to – Business Marketing, 1993 (1): 3 – 28.

[181] Jetten J, Branscombe N R, Schmitt M T, Spears R. Rebels with a cause: Group identification as a response to perceived discrimination from the mainstream [J]. Personality and Social Psychology Bulletin, 2001, 27: 1204 – 1213.

[182] Jr H E B, Goodstein L D. Measuring customer value: Gaining the strategic advantage [J]. Organizational Dynamics, 1996, 24 (3): 63 – 77.

[183] Kahneman D, Tversky A. Prospect theory: An analysis of decision under risk [J]. Econometrica: Journal of the econometric society,

1979: 263 - 291.

[184] King E B, Shapiro J R, Hebl M R, et al. The stigma of obesity in customer service: a mechanism for remediation and bottom-line consequences of interpersonal discrimination [J]. Journal of Applied Psychology, 2006, 91 (3): 579 - 93.

[185] Kling K C, Hyde J S, Showers C J, Buswell B N. Gender differences in self-esteem: A metaanalysis [J]. Psychological Bulletin, 1999, 125: 470 - 500.

[186] Klinner N S, Walsh G. Customer perceptions of discrimination in service deliveries: Construction and validation of a measurement instrument [J]. Journal of Business Research, 2013, 66 (5): 651 - 658.

[187] Kobrynowicz D, Branscombe N R. Who consider themselves victims of discrimination? Individual difference predictors of perceived discrimination in women and men [J]. Psychology of Women Quarterly, 1997, 21: 347 - 363.

[188] Krampf R, D'amico M. The Contribution of Emotion to Consumer Satisfaction in the Service Setting [J]. The Marketing Management Journal, 2002, 13 (1): 32 - 52.

[189] Krieger N, Sidney S. Racial discrimination and blood pressure: the CARDIA Study of young black and white adults [J]. American Journal of Public Health, 1996, 86 (10): 1370.

[190] Krishna A, Zhou R, Zhang S. The effect of self-construal on spatial judgments [J]. Journal of Consumer Research, 2008, 35 (2): 337 - 348.

[191] Kunjuraman V, Hussin R, Ahmad A R, et al. International Tourist Satisfaction towards Tourism Activities and Facilities: A Case Study in Mamutik Island, Kota Kinabalu, Sabah, East Malaysia [J]. Journal

of Tourism, Hospitality and Culinary Arts, 2015, 7 (1): 76 – 92.

[192] Lakdawalla D N, Bhattacharya J, Goldman D P. Are the young becoming more disabled? [J]. Health affairs, 2004, 23 (1): 168 – 176.

[193] Lazarus R S, Folkman S. Stress, appraisal, and coping [M]. New York, NY: Springer, 1984.

[194] Lee J. From Civil Relations to Racial Conflict: Merchant – Customer Interactions in Urban America [J]. American Sociological Review, 2002, 67 (1): 77 – 98.

[195] Leondardelli G J, Tormala Z L. The negative impact of perceiving discrimination on collective well-being: the mediating role of perceived ingroup status [J]. European Journal of Social Psychology, 2003, 33: 507 – 514.

[196] Liao Y, Bond M. The dynamics of face loss following interpersonal harm for Chinese and Americans [J]. Journal of Cross – Cultural Psychology, 2010, 42 (1): 25 – 38.

[197] Liljander V, Strandvik T. Emotions in Service Satisfaction [J]. International Journal of Service Industry Management, 1997, 8 (2): 148 – 169.

[198] List J A, Gneezy U, List J A, et al. Are the Disabled Discriminated Against in Product Markets? Evidence from Sportscards to Sportscars [C]. Econometric Society 2004 North American Summer Meetings. Econometric Society, 2004.

[199] Luhtanen R, Crocker J. A collective self-esteem scale: Self-evaluation of one's social identity [J]. Personality and Social Psychology Bulletin. 1992, 18 (3): 302 – 318.

[200] Luthar S S, Cicchettti D, Becker B. The construct of resili-

ence: A critical evaluation and guidelines for future work [J]. Child Development, 2000, 71 (3): 543 –562.

[201] Mael F, Ashforth B E. Alumni and their alma mater: A partial test of the reformulated model of organizational identification [J]. Journal of Organizational Behavior, 1992, 13 (2): 103 –123.

[202] Major B, Quinton W J, Mccoy S K. Antecedents and consequences of attributions to discrimination: Theoretical and empirical advances [J]. Advances in Experimental Social Psychology, 2002, 34 (2): 251 –330.

[203] Major B, Spencer S, Schmader T, Wolfe C T, Crocker J. Coping with negative stereotypes about intellectual performance: The roles of psychological disengagement [J]. Personality and Social Psychology Bulletin, 1998, 24: 34 –50.

[204] Malinow S H. Comparison of guanadrel and guanethidine efficacy and side effects [J]. Clinical therapeutics, 1983, 5 (3): 284 – 289.

[205] Markus H R. , Kitayama S. Culture and the self: implications for cognition, emotion, and motivation [J]. Psychological Review, 1991, 98 (2): 224 –253.

[206] Martin C L. Retrospective: compatibility management: customer-to-customer relationships in service environments [J]. Journal of Services Marketing, 2016, 30 (1): 11 –15.

[207] Maxham J G, Nctemeyer R G. Firms reap what they sow: the effects of shared values and Perceived organizational justice on customers' evaluations of complaint handling [J]. Journal of Marketing, 2003, 67 (1): 46 –62.

[208] McClintock M K, Anisko J J, Adler N T. Group mating

among norway rats II. The social dynamics of copulation: competition, co-operation, and mate choice [J]. Animal Behaviour, 1982, 30 (2): 410 – 425.

[209] Mccoll – Kennedy J R, Sparks B A. Application of Fairness Theory to Service Failures and Service Recovery [J]. Journal of Service Research, 2003, 5 (3): 251 – 266.

[210] McGraw A P, Warren C, Kan C. Humorous complaining [J]. Journal of Consumer Research, 2015, 41 (5): 1153 – 1171.

[211] Mehrabian A, Russell J. An approach to environmental psychology [M]. Cambridge: MIT Press, 1974.

[212] Mischel W, Shoda Y. A cognitive-affective system theory of personality: Reconceptualizing situations, dispositions, dynamics, and invariance in personality structure [J]. Psychological Review, 1995, 102 (7): 246 – 268.

[213] Mischel W. Instruction to Personality [M]. Sixth edition. Fort Worth: Harcourt Brace College Publishers, 1999: 417 – 423.

[214] Monore K. B. Pricing-making profitable decisions [M]. New York: McGarw Hill, 1991.

[215] Morris B, Holbrook. Customer value: a framework for analysis and research [J]. Advance in Consumers Research, 1996, (23): 138 – 142.

[216] Morton F S, Zettelmeyer F, Silva – Risso J. Consumer information and discrimination: Does the Internet affect the pricing of new cars to women and Minorities? [J]. Quantitative Marketing and Economics, 2003, 1 (1): 65 – 92.

[217] Moura F T, Gnoth J, Deans K R. Localizing cultural values on tourism destination websites: the effects on users' willingness to travel

and destination image [J]. Journal of Travel Research, 2015, 54 (4): 2091 – 100.

[218] Mummendey A, Kessler T, Klink A, Mielke R. Strategies to cope with negative social identity: Predictions by social identity theory and relative deprivation theory [J]. Journal of Personality and Social Psychology, 1999, 76 (2): 229 –245.

[219] Murphy M C, Richeson J A, Shelton J N, et al. Cognitive costs of contemporary prejudice [J]. Group Processes & Intergroup Relations Gpir, 2013, 16 (5): 560 –571.

[220] Naomi E. The Influence of Socio-structural Variables on Identity Management Strategies [J]. European Review of Social Psychology, 1993, 4 (1): 27 –57.

[221] Nunnaly J C, Bernstein I H. Psychometric Theory [M]. New York: McGraw – Hill, 1994.

[222] O'Connell T. Retail racism: Caught red handed [J]. Security, 2001, 38 (4): 9 – 10.

[223] Okunishi Y, Tanaka T, Tian H, et al. Identifying Contrasting Chinese and Japanese Cultural Values: Implications for Intercultural Youth Education [J]. Open Journal of Social Sciences, 2015, 3 (9): 34 –43.

[224] Oliver M L, Shapiro T M. Black wealth/white wealth: A new perspective on racial inequality. New York: Routledge, 1995.

[225] Oliver R L, Desarbo W S. Response determinants in satisfaction Judgments [J]. Journal of Consumer Research, 1988, 14: 495 – 507.

[226] Oliver R L, John E. Swan. Consumer Perceptions of interpersonal equity and satisfaction in transactions: a field survey approach [J].

Journal of Marketing, 1989, 53 (2): 21 –35.

[227] Oliver R L, Rust R T, Varki S. Customer Delight: Foundations, Findings, and Managerial Insight [J]. Journal of Retailing, 1997, 73 (3): 311 –336.

[228] Oliver R L. A cognitive Model of the antecedents and consequences of satisfaction Decisions [J]. Journal of Marketing Research, 1980, 17 (4): 460 –469.

[229] Oliver R L. Cognitive, Affective and Attribute Bases of the Satisfaction Response [J]. Journal of Consumer Research, 1993, 20 (3): 418 –430.

[230] Ortony A, Turner T J. What's Basic about Basic Emotions [J]. Psychology Review, 1990, 97 (3): 159 –168.

[231] Oruclular Y, Bariskin E. Autonomous-related self, eating attitude and body satisfaction in young females [J]. Eating and Weight Disorders – Studies on Anorexia, Bulimia and Obesity, 2015, 20 (3): 337 –343.

[232] Otten S, Mummendey A. To our benefit or at your expense? Justice considerations in intergroup allocations of positive and negative resources [J]. Social Justice Research, 1999, 12 (1): 19 –38.

[233] Pager D. The dynamics of discrimination [R]. National Poverty Center Working Paper Series, 2006.

[234] Panksepp J. On the Embodied Neural Nature of Core Emotional Affects [J]. Journal of Consciousness Studies, 2005, 12 (3): 8 – 10.

[235] Parasuraman A, Zeithaml V A, Berry L L. SERVQUAL: A multiple-item scale for measuring consumer perceptions of service quality [J]. Journal of Retailing, 1988, 64 (1): 12 –40.

[236] Parasuraman A. Reflection on gaining competitive advantage through customer value [J]. Journal of the Academy of Marketing Science, 1997, 25 (2): 156.

[237] Pascoe E A, Richman L S. Perceived Discrimination and Health: A Meta – Analytic Review [J]. Psychological Bulletin, 2009, 135 (4): 531 – 554.

[238] Paulhus D L, John O P. Egoistic and moralistic biases in self-perception: the interplay of self-deceptive styles with basic traits and Motives [J]. Journal of Personality, 1998, 66 (6): 1025 – 1060.

[239] Pearlin L I. Discontinuities in the study of aging [M]. New York: The Guilford Press, 1982.

[240] Pearlin L I. The Sociological Study of Stress [J]. Journal of Health and Social Behavior, 1989, 30 (9): 241 – 256.

[241] Phillipp S F. African American Perceptions of Leisure, Racial Discrimination and Life Satisfaction. Perceptual and Motor Skills, 1998, 87: 14 – 18.

[242] Pine B, Gilmore J. Welcome to the Experience Economy [J]. Harvard Business Review, 1998, 76 (4): 97 – 105.

[243] Plant E A, Devine P G. Internal and external motivation to respond without prejudice [J]. Journal of Personality & Social Psychology, 1998, 75 (3): 811 – 832.

[244] Postmes T, Branscombe N. Influence of long-term racial environmental composition on subjective well-being in African Americans [J]. Journal of Personality and Social Psychology, 2002, 83: 735 – 753.

[245] Preacher K J, Hayes A F. Asymptotic and resampling strategies for assessing and comparing indirect effects in multiple mediator models [J]. Behavior research Methods, 2008, 40 (3): 879 – 891.

［246］ Rajesh R. Impact of tourist perceptions, destination image and tourist satisfaction on destination loyalty: a conceptual model ［J］. Pasos: Revista de turismo y patrimonio cultural, 2013, 11（3）: 67 – 78.

［247］ Redersdorff S, Martinot D, Branscombe N. The impact of thinking about group-based disadvantages or advantages on women's well-being: An experimental test of the rejection-identification model ［J］. Current Psychology of Cognition, 2004, 22（2）: 203 – 222.

［248］ Reed L I, Deutchman P, Schmidt K L. Effects of Tearing on the Perception of Facial Expressions of Emotion ［J］. Evolutionary Psychology, 2015, 13（4）: 1 – 5.

［249］ Reisinger Y, Turner L W. Cross-cultural behaviour in tourism: Concepts and analysis ［M］. Oxford: Butterworth – Heinemann, 2003.

［250］ Reisinger Y, Turner L W. Cultural differences between Asian tourist Markets and Australian hosts ［J］. Journal of Travel Research, 2002b, 40（4）: 385 – 395.

［251］ Reynolds K E, Beatty S E. Customer Benefits and Company Consequences of Customer – Salesperson Relationships in Retailing ［J］. Journal of Retailing: 1999, 75（2）: 11 – 32.

［252］ Ridley S, Bayton J A, Outtz J H. 'Taxi Service in the District of Columbia: Is it Influenced by Patron's Race and Destination?' ［J］. Washington, D C Lawyer's Committee for Civil Rights Under the Law, 1989.

［253］ Ristovski A, Wertheim E H. Investigation of compensation source, trait empathy, satisfaction with outcome and forgiveness in the criminal context ［J］. Australian Psychologist, 2005, 40（1）: 63 – 69.

［254］ Roberts W, StrayerJ, Denha M S. Empathy, anger, guilt:

Emotions and prosocial behaviour [J]. Canadian Journal of Behavioural Science/Revue canadienne des sciences du comportement, 2014, 46 (4): 465 –474.

[255] Robertson S. Dislocations: retracing the erased in Jayne Anne Phillips's Shelter [J]. The Mississippi Quarterly, 2004, 57 (2): 289 – 312.

[256] Rodin M J, Price J M, Bryson J B, et al. Asymmetry in prejudice attribution [J]. Journal of Experimental Social Psychology, 1990, 26 (6): 481 –504.

[257] Rosenbau M M E. The repulsion hypothesis: On the nondevelopment of relationship [J]. Personality and Social Psychology, 1986, 5 (1): 156 –166.

[258] Rosenbaum M S, Montoya D Y. Am I welcome here? Exploring how ethnic consumers assess their place identity [J]. Journal of Business Research, 2007, 60 (3): 206 –214.

[259] Ruggiero K M, Taylor D M. Why minority members perceive or do not perceive the discrimination that confronts them: The role of self-esteem and perceived control [J]. Journal of Personality and Social Psychology, 1997, 72 (2): 373 –389.

[260] Rumbaut R G. The Crucible Within: Ethnic Identity, Self – Esteem and Segmented Assimilation Among Children of Immigrants [J]. International Migration Review, 1994, 28: 748 –794.

[261] Runciman W G. Relative deprivation and social justice: A study of attitudes to social inequality in twentieth-century England [M]. Berkeley: University of California Press, 1966.

[262] Russell J A A. Circumplex Model of Affect [J]. Journal of Personality and Social Psychology, 1980, 39 (5): 116 –125.

[263] Ruyter K D, Wetzels M. Customer equity considerations in service recovery: a cross-industry perspective [J]. International Journal of Service Industry Management, 2000, 11 (1): 91 – 108.

[264] Schmitt M T, Branscombe N R, Kobrynowicz D, Owen S. Perceiving discrimination against one's gender group has different implications for well-being in women and men [J]. Personality and Social Psychology Bulletin, 2002c, 28: 197 – 210.

[265] Schmitt M T, Branscombe N R. The meaning and consequences of perceived discrimination in disadvantaged and privileged social groups. In W. Stroebe and M. Hewstone (Eds.), European review of social psychology [J]. Chichester, England: Wiley. 2002b, 12: 167 – 199.

[266] Schmitt M T, Spears R, Branscombe N R. Constructing a minority group identity out of shared rejection: The case of international students [J]. European Journal of Social Psychology, 2003, 33: 1 – 12.

[267] Schoefer K, Ennew C. Customer evaluations of tour operators' responses to their Complaints [J]. Journal of Travel&Tourism Marketing, 2004, 17 (1): 83 – 92.

[268] Schreer G E, Smith S, Thomas K. "Shopping While Black": examining racial discrimination in a retail setting [J]. Journal of Applied Social Psychology, 2009, 39 (6): 1432 – 1444.

[269] Schulman K A, Berlin J A, Harless W, Kerner J F, Sistrunk S, Gersh B J. The effect of race and sex on physicians' recommendations for cardiac catheterization [J]. The New England Journal of Medicine, 1999, 340 (8): 618 – 626.

[270] Secord P F. Stereotyping and favorableness in the perception of Negro faces [J]. The Journal of Abnormal and Social Psychology, 1959,

59（3）：309.

［271］Sellers M R, Shelton J N. The role of racial identity in per-ceived racial discrimination ［J］. Journal of Personality and Social Psychology, 2003, 84：1079 – 1092.

［272］Severt D E. An Investigation of Perceived Justices and Customer Satisfaction ［J］. Advances in Hospitality & Leisure, 2006, 2：275 – 290.

［273］Sharma P, Tam J L M, Ki M N. Demystifying intercultural service encounters：Toward a comprehensive conceptual framework ［J］. Journal of Service Research, 2009, 12（2）：227 – 242.

［274］Sherif M, Hovland C I. Social judgment：Assimilation and contrast effects in communication and attitude change ［M］. New Haven：Yale University Press, 1961.

［275］Sheth J N, Newman B I, Gross B L. Consumption values and market choices：Theory and applications ［M］. Cincinnati：Southwestern Publishing, 1999.

［276］Singelis T. The measurement of independent and interdependent self-construals ［J］. Personality and Social Psychology Bulletin, 1994, 20（5）：580 – 591.

［277］Singh J A A. Typology of Consumer Dissatisfaction Response Styles ［J］. Journal of Retaling, 1990, 66（1）：57 – 99.

［278］Slater S F, Narver J C. Market orientation, customer value, and superior performance ［J］. Business horizons, 1994, 37（2）：22 – 28.

［279］Smith A K, Bolton R N, Wagner J. A model of consumer satisfaction with service encounters involving failure and recovery ［J］. Journal of Marketing Research, 1999, 36（8）：356 – 372.

［280］Smith H J, Ortiz D J. Is it Just Me? The different consequences of personal and group relative deprivation. In I. Walker, & H. J. Smith (Eds.), Relative deprivation: Specification, development and integration. Cambridge: Cambridge University Press, 2002.

[281] Snyder V. Factors associated with acculturative stress and depressive symptomatology among married Mexican immigrant women [J]. Psychology of women quarterly, 1987, 11 (4): 475 –488.

[282] Soch H, Kaur K. Moderating Role of Face Consciousness on the Relationship between Image Congruence and Behavioral Intention: A Conceptual Framework [J]. International Journal of Management & Computing Sciences (IJMCS), 2015, 5 (5 –6): 54 –65.

[283] Spencer – Oatey H. Managing rapport in talk: Using rapport sensitive incidents to explore the motivational concerns underlying the Management of relations [J]. Journal of Pragmatics, 2002, 34: 529 –545.

[284] Stephens N, Gwinner K P. Why don't some people complain? A cognitive-emotive process model of consumer complaint behavior [J]. Journal of the Academy of Marketing Science, 1998, 26 (3): 172 –189.

[285] Stone D L, Colella A. A Model of Factors Affecting the Treatment of Disabled Individuals in Organizations [J]. Academy of Management Review, 1996, 21 (2): 352 –401.

[286] Stover L E. "Face" and Verbal Analogues of Interaction in Chinese Culture: A Theory of Formalized Social Behavior Based Upon Participant – Observation of An Upper – Class Chinese Household, Together With a Biographical Study of the Primary Informant [D]. Unpublished Doctoral Dissertation, Columbia University, 1962.

[287] Tafarodi R W, Swann, W B, Jr. Self-liking and self-competence as dimensions of global self-esteem: Initial validation of a measure [J]. Journal of Personality Assessment, 1995, 65: 322 –342.

[288] Tajfel H, Billig M G, Bundy R P, et al. Social categorization and intergroup behaviour [J]. European Journal of Social Psychology, 1971, 1 (2): 149 – 178.

[289] Tajfel H, Turner J C. The social identity theory of inter group behavior in S Worchel & WG Austin (Eds) Psychology of intergroup relations [J]. Chicago: Nelson, 1986.

[290] Tajfel H. Differentiation Between Social Groups: Studies in the Social Psychology of intergroup Relations [M]. London: Academic Press, 1978: 63.

[291] Tajfel H. Experiments in Ingroup Discrimination [J]. Scientific American, 1970, 223 (5).

[292] Tajfel H. Individuals and groups in social psychology [J]. British Journal of Clinical Psychology, 1979, 18 (2): 183 – 190.

[293] Tajfel H, Turner J C. The Social Identity Theory of Intergroup Behavior [J]. Political Psychology, 1986, 13 (3): 7 – 24. Tax S S, Brown S W, Chandrashekaran M. Customer evaluations of service complaint experiences: implications for relationship marketing [J]. Journal of Marketing, 1998, 62 (2): 60 – 76.

[294] Taylor D M, Wright S C, Moghaddam F M, et al. The Personal/Group Discrimination Discrepancy Perceiving My Group, but not Myself, to be a Target for Discrimination [J]. Personality & Social Psychology Bulletin, 1990, 16 (2): 254 – 262.

[295] Thompson H. The customer-centered [M]. Mcgraw – Hill lnc, 2000.

[296] Thompson V L S. Perceived experiences of racism as stressful life events [J]. Community mental health Journal, 1996, 32 (3): 223 – 233.

[297] Ting – Toomey S. Intercultural Conflict: A Face – Negotiation Theory [A]. In Young Yun KiMand WilliaMB. Gudykunst (eds.). Theories in Intercultural Communication [C]. Newbury Park, CA: Sage, 1988: 213 – 235.

[298] Tom D M. Effects of perceived discrimination: rejection and identification as two distinct pathways and their associated effects [D]. The Ohio State University, 2006.

[299] Tse D K, Wilton P C. Models of Consumer Satisfaction: An Extension [J]. Journal of Marketing Research, 1988, 25: 201 – 212.

[300] Turner J C. Social Identification and Psychological Group Formation. In: Tajfel, Henri (ed.), The Social Dimension: European Development in Social Psychology [M]. Cambridge: Cambridge University Press, 1984, 518 – 538.

[301] Turner M A. Mortgage lending discrimination: A review of existing evidence [J]. 1999.

[302] Twenge J M, Crocker J. Race and self-esteem: Metaanalyses comparing Whites, Blacks, Hispanics, Asians and American Indians and comment on Gray – Little and Hafdahl [J]. Psychological Bulletin, 2002, 128 (3): 371 – 408.

[303] Vantrappen H. Creating customer value by streamlining business processes [J]. Long Range Plann, 1992, 25 (1): 53 – 62.

[304] Walker I, Mann L. Unemployment, relative deprivation, and social protest [J]. Personality & Social Psychology Bulletin, 1987, 13 (2): 275 – 283.

[305] Walsh G. Disadvantaged consumers' experiences of marketplace discrimination in services: A conceptual model of antecedents and customer outcomes [J]. Journal of Marketing Management, 2009, 25

(1): 143 – 169.

[306] Walters A S, Curran M C. "Excuse me, sir? May I help you and your boyfriend?": salespersons' differential treatment of homosexual and straight customers [J]. Journal of Homosexuality, 2015, 31 (1 – 2): 135 – 152.

[307] WanL C. Culture's impact on consumer complaining responses to embarrassing service failure [J]. Journal of Business Research, 2013, 66 (3): 298 – 305.

[308] Warner J, McKeown E, Griffin M, Johnson K, Ramsay A, Cort C, King M. Rates and predictors of mental illness in gay men, lesbians and bisexual men and women – Results from a survey based in England and Wales [J]. The British Journal of Psychiatry, 2004, 185 (6): 479 – 485.

[309] Waston D, Clark L A. Measurement and mismeasurement of mood: Recurrent and emergent issues [J]. Journal of Personality Assessment, 1997, 68 (2): 305 – 313.

[310] Weedon C. Unruly Practices: Power, Discourse and Gender in Contemporary Social Theory [J]. Feminist Review, 1992, 40 (1): 107 – 108.

[311] Wei L, Crompton J L, Reid L M. Cultural conflicts: Experiences of US visitors to China [J]. Tourism Management, 1989, 10 (4): 322 – 332.

[312] Westbrook R A. Product/Consumption-based Affective Responses and Post-purchase Processes [J]. Journal of Marketing Research, 1987, 24 (3): 258 – 270.

[313] Williams D R, Yu Y, Jackson J S, et al. Racial differences in physical and mental health: Socio-economic status, stress and discrimi-

nation [J]. Journal of Health Psychology, 1997, 2 (3): 335 – 351.

[314] Williams J D, Henderson G R, Harris A M. Consumer racial profiling: Bigotry goes to market [J]. The New Crisis, 2001, 108 (6): 22 – 24.

[315] Wirtz J, Bateson J E G. Consumer Satisfaction with Services: Integrating the Environment Perspective in Services Marketing into the Traditional Disconfirmation Paradigm [J]. Journal of Business Research, 1999, 44 (1): 55 – 66.

[316] Wissoker D A, Zimmermann W, Galster G C. Testing for discrimination in home insurance [M]. Washington, DC: Urban Institute, 1998.

[317] Woodruff R B. Customer Value: the Next Source for Competitive Advantage [J]. Journal of Academy of Marketing Science, 1997, 25 (2): 139 – 153.

[318] Wu C H J. The influence of customer-to-customer interactions and role typology on customer reaction [J]. The Service Industries Journal, 2008, 28 (10): 1501 – 1513.

[319] Ye B, Zhang Qiu H, Yuen P. Perceived discrimination in the context of high and low interactions-evidence from medical and general tourists [J]. Asia Pacific Journal of Tourism Research, 2012, 17 (6): 635 – 655.

[320] Yinger J. Closed doors, opportunities lost: The continuing costs of housing discrimination. New York: Russell Sage Foundation, 1995.

[321] Yüksel A, Yüksel F. The expectancy-disconfirmation paradigm: a critique [J]. Journal of hospitality & tourism research, 2001, 25 (2): 107 – 131.

[322] Zeithaml V A. Consumer perceptions of price, quality, and value: a means-end model and synthesis of evidence [J]. The Journal of Marketing, 1988: 2 – 22.

[323] Zerbe W J, Ashkanasy N M, Härtel C E J. A conceptual model of the effects of emotional labor strategies on customer outcomes [J]. Research on Emotion in Organizations, 2006, 2 (6): 219 – 236.

[324] Zhang Y, Shru M L J. The influence of self-construal on impulsive consumption [J]. Journal of Consumer Research, 2009, 35 (5): 838 – 850.

[325] Zhao X, Lynch G, Chen Q. Reconsidering Baron and Kenny: Myths and truths about Mediation analysis [J]. Journal of Consumer Research, 2010, 37 (2): 197 – 206.

附录 1　游客歧视知觉对旅游意愿的影响机制调查问卷

您好！万分感谢您在百忙之中接受我们的调查，您所提供的信息对本次研究很有价值。本次调查是为了探索矿山旅游服务中的歧视问题，想问您几个相关的问题，希望您能根据矿山旅游时所选择的旅游服务公司，根据实际情况认真填写下面的问题，您所提供的信息仅用于本次学术研究，将完全保密，敬请放心！再次感谢您的鼎力支持！

第一部分　基本信息

1. 您的性别？
（1）男　　　（2）女

2. 您的年龄？
（1）30 岁及以下　　（2）31～40 岁　　（3）41～50 岁
（4）51 岁及以上

3. 您的学历？
（1）高中及以下　　（2）大专　　（3）本科　　（4）研究生

4. 您的月收入？
（1）3000 元以下　　（2）3000～6000 元　　（3）6001～10000 元
（4）10000 元以上

5. 您的职业？

（1）学生　　（2）公司职员　　（3）事业单位职工　　（4）公务员

（5）公司经理　　（6）自由职业及其他

第二部分　调　查　项

请仔细阅读表中各项描述，根据您的真实感受在相应选项里打
"√"

题　项	非常不同意　　　非常同意
旅游服务人员经常让我等很久	1　2　3　4　5　6　7
旅游服务人员根本不理会我的需求	1　2　3　4　5　6　7
旅游服务人员经常离我很远	1　2　3　4　5　6　7
旅游服务人员根本不理会我的问题	1　2　3　4　5　6　7
旅游服务人员对我说出带辱骂性的语言	1　2　3　4　5　6　7
旅游服务人员对我有很强的防备行为动作	1　2　3　4　5　6　7
旅游服务人员对我很傲慢	1　2　3　4　5　6　7
旅游服务人员对我表现出居高临下的态度	1　2　3　4　5　6　7
旅游服务人员对我表现出很不屑	1　2　3　4　5　6　7
旅游服务人员对我表现出厌恶	1　2　3　4　5　6　7
旅游服务人员对我的语气很强硬	1　2　3　4　5　6　7
旅游服务人员对我表现出漠视	1　2　3　4　5　6　7

我感到脆弱而且不能控制将会发生什么	1　2　3　4　5　6　7
我感到威胁	1　2　3　4　5　6　7
破坏了我在公众的声望	1　2　3　4　5　6　7
损害了我的形象	1　2　3　4　5　6　7
伤害了我的自尊	1　2　3　4　5　6　7

这次旅游感到获得很多利益	1　2　3　4　5　6　7
这次旅游享受物超所值	1　2　3　4　5　6　7
这次旅游对我来说是一种享受	1　2　3　4　5　6　7
这次旅游花费的时间和精力是值得的	1　2　3　4　5　6　7

在时间和经济预算许可的情况下，我愿意选择这家旅行社	1　2　3　4　5　6　7
在类似的旅行社中，我会考虑这家旅行社的旅游服务	1　2　3　4　5　6　7
我很有可能选择这家旅行社的旅游服务	1　2　3　4　5　6　7

身边的人都听我的	1　2　3　4　5　6　7
我的话语很有分量	1　2　3　4　5　6　7
我可以叫别人按照我的意愿做事	1　2　3　4　5　6　7
我觉得我很有权力	1　2　3　4　5　6　7
只要我想，我就能够拍板做出决定	1　2　3　4　5　6　7
即使我说出了我的想法，也起不到什么作用	1　2　3　4　5　6　7
我的观点或建议经常被忽视	1　2　3　4　5　6　7
不论我怎么努力，我都得不到我想要的	1　2　3　4　5　6　7

附录2 游客歧视知觉对旅游决策的影响调查问卷

您好！万分感谢您在百忙之中接受我们的调查，您所提供的信息对本次研究很有价值。本次调查是为了探索矿山旅游服务中的歧视问题，想问您几个相关的问题，希望您能根据过去某次矿山旅游，根据实际情况认真填写下面的问题，您所提供的信息仅用于本次学术研究，将完全保密，敬请放心！再次感谢您的鼎力支持！

您是否在旅游过程中受到过不公平的对待，比如被辱骂、讥笑、轻视、等的时间很长，旅游服务人员不愿意回答您提出的要求和问题等经历？（注：如果回答没有则终止作答。）

（1）没有　　　　　（2）偶尔　　　　（3）经常

第一部分　基本信息

1. 您的性别？

（1）男　　（2）女

2. 您的年龄？

（1）30 岁及以下　　（2）31~40 岁　　（3）41~50 岁

（4）51 岁及以上

3. 您的学历？

（1）高中及以下　　（2）大专　　（3）本科　　（4）研究生

4. 您的月收入?

(1) 3000 元以下　　(2) 3000 ~ 6000 元　　(3) 6001 ~ 10000 元

(4) 10000 元以上

5. 您的职业?

(1) 学生　　(2) 公司职员　　(3) 事业单位职工　　(4) 公务员

(5) 公司经理　　(6) 自由职业及其他

第二部分　调　查　项

请仔细阅读表中各项描述,根据您的真实感受在相应选项里打
"√"

题　　项	非常不同意　　　非常同意
旅游服务人员经常让我等很久	1　2　3　4　5　6　7
旅游服务人员根本不理会我的需求	1　2　3　4　5　6　7
旅游服务人员经常离我很远	1　2　3　4　5　6　7
旅游服务人员根本不理会我的问题	1　2　3　4　5　6　7
旅游服务人员对我说出带辱骂性的语言	1　2　3　4　5　6　7
旅游服务人员对我有很强的防备行为动作	1　2　3　4　5　6　7
旅游服务人员对我很傲慢	1　2　3　4　5　6　7
旅游服务人员对我表现出居高临下的态度	1　2　3　4　5　6　7
旅游服务人员对我表现出很不屑	1　2　3　4　5　6　7
旅游服务人员对我表现出厌恶	1　2　3　4　5　6　7
旅游服务人员对我的语气很强硬	1　2　3　4　5　6　7
旅游服务人员对我表现出漠视	1　2　3　4　5　6　7
我感到脆弱而且不能控制将会发生什么	1　2　3　4　5　6　7
我感到威胁	1　2　3　4　5　6　7
破坏了我在公众的声望	1　2　3　4　5　6　7

续表

损害了我的形象	1 2 3 4 5 6 7
伤害了我的自尊	1 2 3 4 5 6 7
看起来是在恐吓人	1 2 3 4 5 6 7

我会考虑再次来这旅游景点旅游	1 2 3 4 5 6 7
我来该旅游景点旅游的可能性很大	1 2 3 4 5 6 7
我会传播该旅游景点的负面形象	1 2 3 4 5 6 7
我会跟朋友说这个旅游景点的坏话	1 2 3 4 5 6 7
当我的朋友有旅游需求时，我会告诉他们不要来该旅游景点	1 2 3 4 5 6 7

如果单独给我奖励和赞扬，我会感觉到很自然	1 2 3 4 5 6 7
我认为人们应该独特且与众不同	1 2 3 4 5 6 7
我应该不惜一切代价，去实现自己的目标	1 2 3 4 5 6 7
我认为在任何情境中，都应该坚持自己的想法	1 2 3 4 5 6 7
我认为人要自立自强、自给自足	1 2 3 4 5 6 7
在公众场合我敢于表达自己的意见	1 2 3 4 5 6 7

我认为应该视自己的身份与角色，表现适当的行为	1 2 3 4 5 6 7
对我来说，尊重集体的决策很重要	1 2 3 4 5 6 7
我敬重那些很谦虚的人	1 2 3 4 5 6 7
我敬重与我打交道的权威人士	1 2 3 4 5 6 7
我愿意为我所在的集体牺牲自己的利益	1 2 3 4 5 6 7
我认为在组织内保持和谐非常重要	1 2 3 4 5 6 7

附录3 同属游客歧视知觉对游客满意的影响机制调查问卷

您好！万分感谢您在百忙之中接受我们的调查，您所提供的信息对本次研究很有价值。本次调查是为了探索研究矿山旅游服务中的歧视问题，想问您几个相关的问题，希望您能根据过去某次旅游体验，根据实际情况认真填写下面的问题，您所提供的信息仅用于本次学术研究，将完全保密，敬请放心！再次感谢您的鼎力支持！

您是否在旅游过程中受到过不公平的对待，比如被辱骂、议论、讥笑、轻视、团队成员不愿意回答您提出的要求和问题等经历？（注：如果回答没有则终止作答。）

（1）没有　　　　（2）偶尔　　　　（3）经常

第一部分　基本信息

1. 您的性别？

（1）男　　（2）女

2. 您的年龄？

（1）30 岁及以下　　（2）31～40 岁　　（3）41～50 岁

（4）51 岁及以上

3. 您的学历？

（1）高中及以下　　（2）大专　　（3）本科　　（4）研究生

4. 您的月收入？

（1）3000 元以下 　 （2）3000~6000 元 　 （3）6001~10000 元

（4）10000 元以上

5. 您的职业？

（1）学生 　 （2）公司职员 　 （3）事业单位职工 　 （4）公务员

（5）公司经理 　 （6）自由职业及其他

第二部分　调　查　项

请仔细阅读表中各项描述，根据您的真实感受在相应选项里打"√"

题　项	非常不同意 　 非常同意
同行游客经常让我等很久	1　2　3　4　5　6　7
同行游客根本不理会我的需求	1　2　3　4　5　6　7
同行游客经常离我很远	1　2　3　4　5　6　7
同行游客根本不理会我的问题	1　2　3　4　5　6　7
同行游客对我说出带辱骂性的语言	1　2　3　4　5　6　7
同行游客对我有很强的防备行为动作	1　2　3　4　5　6　7
同行游客对我很傲慢	1　2　3　4　5　6　7
同行游客对我表现出居高临下的态度	1　2　3　4　5　6　7
同行游客对我表现出很不屑	1　2　3　4　5　6　7
同行游客对我表现出厌恶	1　2　3　4　5　6　7
同行游客对我的语气很强硬	1　2　3　4　5　6　7
同行游客对我表现出漠视	1　2　3　4　5　6　7

我感到不安	1　2　3　4　5　6　7
我感到伤心	1　2　3　4　5　6　7
我感到气愤	1　2　3　4　5　6　7

我感到迷惘	1　2　3　4　5　6　7
我感到绝望	1　2　3　4　5　6　7
我感到无能为力	1　2　3　4　5　6　7
我觉得自己被他人主宰	1　2　3　4　5　6　7

导游感受到我的情绪变化	1　2　3　4　5　6　7
导游非常同情我的遭遇	1　2　3　4　5　6　7
导游对我非常有同情心	1　2　3　4　5　6　7
导游非常理解我的处境	1　2　3　4　5　6　7
导游与我有一样的情绪感受	1　2　3　4　5　6　7
导游能体味到我的情绪感受	1　2　3　4　5　6　7

这是一个值得去参观的地方	1　2　3　4　5　6　7
这此旅游实现了我的旅游目的	1　2　3　4　5　6　7
我对这次旅游感到很满足	1　2　3　4　5　6　7
这次旅游值得记忆	1　2　3　4　5　6　7
这次旅游达到了我的要求	1　2　3　4　5　6　7

后　　记

　　本书的研究想法来源于 2013 年对商业领域服务失败的思考。现实生活中，企业提供的服务是存在差异性的，服务水平有高有低，存在低水平或失败的服务，失败的服务积极影响顾客的购买心理和行为。服务失败很多因为服务人员非主观因素造成的，不过，也存在因为服务人员主观因素而主动降低顾客服务水平的行为，歧视行为便是其中一种。目前，歧视行为非常普遍，尤其是在旅游服务过程中，游客与旅游服务人员接触时间长，为歧视提供了条件。

　　歧视研究方向确定后，便开始组建研究队伍。东华理工大学陶建蓉老师首先表示对该研究感兴趣，并加入进来。在一次学术交流活动中，跟河南牧业经济学院的尚光辉老师分享了歧视研究想法，他认为游客歧视问题是一个值得研究的话题，并愿意加入游客歧视研究的队伍中来。之后，我们结合东华理工大学经管学院科技创新团队的研究方向——矿业旅游，进一步把歧视研究聚焦于矿业旅游市场，便开始了矿业旅游市场的游客歧视研究。很快我们完成了游客歧视对旅游意愿的影响研究，接着完成了游客歧视对旅游决策的影响研究。随着研究的深入，我们对游客歧视知觉问题进行了延伸，认为游客歧视知觉不仅仅发生在服务人员与游客之间，也可能发生在同属游客与游客之间，提出了同属游客歧视概念，并研究完成了同属游客歧视对游客满意的影响关系。

　　本书付梓之际，特别感谢东华理工大学地质资源经济与管理中心、东华理工大学资源与环境经济研究中心、资源与环境战略江西省软科学研究培养基地和东华理工大学科技创新团队"资源与环境经济研究"等的联合资助。

另外，在本书研究的过程中，得到了东华理工大学经管学院同仁们和相关部门的鼎力支持，以及华中农业大学涂铭博士和余樱博士的指导，吸收了他们有价值的观点和建议，在此表示诚挚的感谢！

赵建彬

2018 年 2 月